ÉLÉMENS

DE LA

GRAMMAIRE FRANÇOISE

Par LHOMOND,

PROFESSEUR-ÉMÉRITE EN L'UNIVERSITÉ DE PARIS.

NOUVELLE ÉDITION,

à laquelle on a ajouté les mots où l'*H* est aspirée,
et une Table de Multiplication.

A L'USAGE DES ÉCOLES CHRÉTIENNES.

Prix : 90 cent. cartonnée.

A PARIS,

CHEZ Jᴴ. MORONVAL, IMPRIM.-LIBRAIRE
des Frères des Ecoles Chrétiennes,
RUE GALANDE, Nº 65, PRÈS LA RUE Sᵀ.-JACQUES.

M. DCCC. XXVII.

Toutes mes Éditions sont revêtues de ma
signature.

PRÉFACE DE L'AUTEUR.

C'EST par la langue maternelle que doivent commencer les études, dit M. Rollin. Les enfans comprennent plus aisément les principes de la grammaire, quand ils les voient appliqués à une langue qu'ils entendent déjà, et cette connoissance leur sert comme d'introduction aux langues anciennes qu'on veut leur enseigner. Nous avons de bonnes grammaires françoises; mais je doute que l'on puisse porter un jugement aussi favorable des abrégés qui ont été faits pour les commençans. Les premiers élémens ne sauroient être trop simplifiés. Quand on parle à des enfans, il y a une mesure de connoissances à laquelle on doit se borner, parce qu'ils ne sont pas capables d'en recevoir davantage. Il est sur-tout important de ne pas leur présenter plusieurs objets à la fois : il faut, pour ainsi dire, faire entrer dans leur esprit les idées une à une, comme on introduit une liqueur goutte à goutte dans un vase dont l'embouchure est étroite; si vous en versez trop en même temps, la liqueur se répand, et rien n'entre dans le vase. Il y a aussi un ordre à garder; cet ordre consiste principalement à ne pas supposer des choses que vous n'avez pas encore dites, et à commencer par les connoissances qui ne dépendent point de celles qui suivent. Enfin il y a une manière de s'énoncer accommodée à leur foiblesse : ce n'est point par des définitions abstraites qu'on leur fera connoître les objets dont on leur parle, mais par des caractères sensibles, et qui les rendent faciles à distinguer (1).

On sent que, pour exécuter ce plan, il faut connoître les enfans. Appliqué pendant vingt années aux fonctions de l'instruction publique, j'ai été à portée de les observer de près, de mesurer leurs forces, de sentir ce qui leur convient : c'est cette connoissance, que l'expérience seule peut donner, qui m'a déterminé à composer des livres élémentaires. Puisse l'exécution remplir l'unique but que je me propose, celui d'être utile, et d'épargner à cet âge aimable une partie des larmes que les premières études font couler !

---

(1) Une définition présente une idée générale, qui suppose des idées particulières ; et l'enfant n'ayant pas encore acquis ces idées particulières, ne peut entendre la définition.

J'ai compris sous la dénomination de pronoms *adjectifs*, tous ceux que l'on appelle *démonstratifs, possessifs*, etc. parce que l'enfant a vu ce qui se nomme *adjectif*, et parce qu'il *convient de diminuer le nombre de mots barbares* dans une grammaire élémentaire.

ÉLÉMENS

DE

LA GRAMMAIRE FRANÇOISE.

INTRODUCTION.

La Grammaire est l'art de parler et d'écrire correctement. Pour parler et pour écrire, on emploie des mots : les mots sont composés de lettres.

Il y a deux sortes de lettres, les *voyelles* et les *consonnes*.

Les voyelles sont *a*, *e*, *i*, *o*, *u* et *y*. On les appelle *voyelles*, parce que, seules, elles forment une voix, un son.

Il y a trois sortes d'*e* : *e* muet, *é* fermé, *è* ouvert.

L'e *muet*, comme à la fin de ces mots : *homme*, *monde* : on l'appelle *muet*, parce que le son en est sourd et peu sensible.

L'é *fermé*, comme à la fin de ces mots, *bonté*, *café* : cet *é* se prononce la bouche presque fermée.

L'è *ouvert*, comme à la fin de ces mots, *procès*, *accès*, *succès* : pour bien prononcer cet è, il faut appuyer dessus, et desserrer les dents.

L'y grec s'emploie le plus souvent pour deux *ii*, comme dans *pays*, *moyen*, *joyeux* : prononcez *pai-is*, *moi-ien*, *joi-ieux* (1).

Il y a dix-huit consonnes (2); savoir, *b*, *c*, *d*, *f*, *g*, *j*, *k*, *l*, *m*, *n*, *p*, *q*, *r*, *s*, *t*, *v*, *x*, *z*. Ces lettres s'appellent *consonnes*, parce qu'elles ne forment un son qu'avec le secours des voyelles, comme *ba*, *be*, *bi*, *bo*, *bu* : *ca*, *ce*, *ci*, *co*, *cu* : *da*, *de*, *di*, *do*, *du*, etc.

La lettre *h* ne se prononce pas dans certains mots, l'*homme*, l'*honneur*, l'*histoire*, etc. qu'on prononce comme s'il y avoit l'*omme*, l'*onneur*, l'*istoire* ; alors on l'appelle *h muette*.

Mais dans les mots suivans, la *haine*, le *hameau*, le *héros*, la lettre *h* fait prononcer du gosier la voyelle qui suit ; alors on l'appelle *h aspirée* : ainsi l'on écrit et l'on prononce séparément les deux mots *la haine*, et non pas *l'haine*, *les héros*, et non pas comme s'il y avoit *les zhéros*.

---

(1) L'exception n'a lieu que dans les mots tirés du grec, *hymne*, *Hippolyte*, *pyramide*, etc.; alors il se prononce comme l'*i* simple.

(2) Non compris la lettre *h*.

Des voyelles longues et brèves.

Les voyelles longues sont celles sur lesquelles on appuie plus long-temps que sur les autres en les prononçant.

Les voyelles *brèves* sont celles sur lesquelles on appuie moins long-temps.

Par exemple, *a* est long dans *pâte* pour faire du pain; il est bref dans *patte* d'animal.

e est long dans *tempête*, il est bref dans *trompette*.

i est long dans *gîte*, et bref dans *petite*.

o est long dans *apôtre*, et bref dans *dévote*.

u est long dans *flûte*, et bref dans *butte*.

Pour marquer les différentes sortes d'*e*, et les voyelles longues, on emploie trois petits signes que l'on appelle *accens*; savoir l'accent aigu (′) qui se met sur les *é* fermés, *bonté* : l'accent grave (`) qui se met sur les *è* ouverts, *accès*; et l'accent circonflexe (^) qui se met sur la plupart des voyelles longues, *apôtre*.

Il y a en franç s dix sortes de mots qu'on appelle les *parties du discours*; savoir, le *Nom*, l'*Article*, l'*Adjectif*, le *Pronom*, le *Verbe*, le *Participe*, la *Préposition*, l'*Adverbe*, la *Conjonction* et l'*Interjection*.

CHAPITRE PREMIER.

PREMIÈRE ESPÈCE DE MOTS.

Le Nom.

LE *Nom* est un mot qui sert à nommer une personne ou une chose, comme *Pierre*, *Paul*, *Livre*, *Chapeau*.

Il y a deux sortes de noms, le nom *commun* et le nom *propre*.

Le nom *commun* est celui qui convient à plusieurs personnes, ou à plusieurs choses semblables ; *homme*, *cheval*, *maison*, sont des noms communs ; car le nom *homme* convient à Pierre, à Paul, etc.

Le nom *propre* est celui qui ne convient qu'à une seule personne ou à une seule chose, comme *Adam*, *Ève*, *Paris*, *la Seine*.

Dans les noms il faut considérer le *genre* et le *nombre*.

Il y a en françois deux genres, le *masculin* et le *féminin*. Les noms d'hommes ou de mâles sont du genre masculin, comme un *père*, un *lion* : les noms de femmes ou de femelles sont du genre féminin, comme une *mère*, une *lionne*. Ensuite, par imitation, l'on a donné le genre masculin ou le genre féminin à des choses qui ne sont ni mâles ni femelles, comme un *livre*, une *table*, le *soleil*, la *lune*.

Il y a deux nombres, le *singulier* et le *pluriel* : le singulier quand on parle d'une seule personne ou d'une seule chose, comme un *homme*, un *livre* : le pluriel, quand on parle de plusieurs personnes ou de plusieurs choses, comme *les hommes*, *les livres*.

Comment se forme le pluriel dans les noms.

RÈGLE GÉNÉRALE.

Pour former le pluriel, ajoutez *s* à la fin du nom : le *père*, les *pères* ; la *mère*, les *mères* ; le *livre*, les *livres* ; la *table*, les *tables*.

Première remarque. Les noms terminés au singulier par *s*, *z*, *x*, n'ajoutent rien au pluriel : le *fils*, les *fils* ; le *nez*, les *nez* ; la *voix*, les *voix*.

Deuxième remarque. Les noms terminés au singulier par *au*, *eu*, *ou*, prennent *x* au pluriel : le *bateau*, les *bateaux* ; le *feu*, les *feux*, le *caillou*, les *cailloux* (1).

Troisième remarque. La plupart des noms terminés au singulier par *al*, *ail*, font leur pluriel en *aux* : le *mal*, les *maux* ; le *cheval*, les *chevaux* ; le *travail*, les *travaux*. (Excepté *détails*, *éventails*, *portails*, *gouvernails*, *camails*, *épouvantails*.) *Aïeul*, *ciel*, *œil*, font au pluriel *aïeux*, *cieux*, *yeux*,

---

(1) On dit et on écrit : le *clou*, les *clous* ; le *trou*, les *trous* ; un *œil bleu*, des *yeux bleus*, etc. Mais les exceptions s'apprennent par l'usage, et dans un livre élémentaire il seroit déplacé de vouloir les indiquer toutes ; celles de la troisième remarque sur-tout sont très-difficiles et au-dessus de la portée des enfans.

CHAPITRE II.

SECONDE ESPÈCE DE MOTS.

L'*Article* le, la, les.

L'ARTICLE est un petit mot que l'on met devant les noms communs, et qui en fait connoître le genre et le nombre.

Nous n'avons qu'un article *le, la* au singulier ; *les* au pluriel. *Le* se met devant un nom singulier masculin, *le père* ; *la* se met devant un nom singulier féminin, *la mère* ; *les* se met devant tous les noms pluriels, soit masculins, soit féminins, *les pères, les mères.* Ainsi l'on connoît qu'un nom est du genre masculin, quand on peut mettre *le* devant ce nom ; on connoît qu'un nom est du genre féminin, quand on peut mettre *la*.

Il y a deux remarques à faire sur l'article.

Première remarque. On retranche *e* dans le mot *le*, on retranche *a* dans *la*, quand le mot suivant commence par une voyelle, ou une *h* muette.

Ainsi on dit *l'argent* pour *le argent*, *l'histoire* pour *la histoire* ; mais alors on met à la place de la lettre retranchée cette petite figure (') qu'on appelle *apostrophe*. *Voyez* Chap. XI, *de l'Orthographe*, page 80.

Deuxième remarque. Pour joindre un nom à un mot précédent, on met *de* ou *à* devant ce nom ; *fruit de l'arbre ; utile à l'homme.*

Alors, au lieu de mettre *de le* devant un nom masculin singulier qui commence par une consonne, on met *du*.

Au lieu de *à le*, on met *au*.

Devant un nom pluriel, *de les* se change en *des*; *à les* se change en *aux*.

Exemples.

SINGULIER MASCULIN.

le Père.

Maison *du* Père, pour *de le* Père.

Je plais *au* Père, pour *à le* Père.

PLURIEL MASCULIN.

les Pères.

Maison *des* Pères, pour *de les* Pères.

Je plais *aux* Pères, pour *à les* Pères.

Au contraire, *de* et *à* devant *la* ne se changent jamais.

SINGULIER FÉMININ.

la Mère.

de la Mère.

à la Mère.

PLURIEL FÉMININ.

les Mères.

des Mères, pour *de les* Mères.

aux Mères, pour *à les* Mères.

CHAPITRE III.

TROISIÈME ESPÈCE DE MOTS.

L'Adjectif.

L'ADJECTIF est un mot que l'on ajoute au nom pour marquer la qualité d'une personne ou d'une chose, comme *bon* père, *bonne* mère ; *beau* livre, *belle* image : ces mots, *bon*, *bonne*, *beau*, *belle*, sont des adjectifs joints aux noms *père*, *mère*, etc.

On connoît qu'un mot est adjectif, quand on peut y joindre le mot *personne* ou *chose* : ainsi *habile*, *agréable*, sont des adjectifs, parce qu'on peut dire *personne habile*, *chose agréable*.

Les adjectifs ont les deux genres, *masculin* et *féminin*. Cette différence de genre se marque ordinairement par la dernière lettre.

Comment se forme le féminin dans les adjectifs françois.

RÈGLE GÉNÉRALE. Quand un adjectif ne finit point par un *e* muet, on y ajoute un *e* muet pour former le féminin : *prudent, prudente ; saint, sainte ; méchant, méchante ; petit, petite; grand, grande ; poli, polie; vrai, vraie,* etc.

EXCEPTIONS. *Première exception.* Les adjectifs suivans, *cruel, pareil, fol, mol, ancien, bon, gras, gros, nul, net, sot, épais,* etc. doublent au féminin leur dernière consonne avec l'*e* muet: *cruelle, pareille, folle, molle,* ancienne, bonne, grasse, grosse, nulle, nette, sotte, épaisse.

Beau et *nouveau* font au féminin *belle*, *nouvelle*, parce qu'au masculin on dit aussi *bel*, *nouvel*, devant une voyelle ou une *h* muette, *bel oiseau*, *bel homme*, *nouvel appartement*.

Deuxième exception. Blanc, *franc*, *sec*, *frais*, font au féminin, *blanche*, *franche*, *sèche*, *fraîche*.

Public, *caduc*, font *publique*, *caduque*.

Troisième exception. Les adjectifs *bref*, *naïf*, font au féminin *brève*, *naïve*, en changeant *f* en *v*; *long* fait *longue*.

Quatrième exception. Malin, *bénin*, font *maligne*, *bénigne*.

Cinquième exception. Les adjectifs en *eur* font ordinairement leur féminin en *euse* : *trompeur*, *trompeuse*; *parleur*, *parleuse*; *chanteur*, *chanteuse* : cependant *pécheur* fait *pécheresse*; *acteur* fait *actrice*; *protecteur*, *protectrice*.

Sixième exception. Les adjectifs terminés en *x* se changent en *se* : *dangereux*, *dangereuse*; *honteux*, *honteuse*; *jaloux*, *jalouse*, etc. Cependant *doux* fait *douce*, *roux* fait *rousse*.

Comment se forme le pluriel.

Le pluriel dans les adjectifs se forme comme dans les noms en ajoutant *s* à la fin : *bon*, *bonne* : au pluriel *bons*, *bonnes*, etc.

Mais la plupart des adjectifs qui finissent par *al*, n'ont pas de pluriel masculin, comme *filial, fatal, frugal, pascal, pastoral, naval, trivial, vénal, littéral, conjugal, austral, boréal, final.*

ACCORD DES ADJECTIFS AVEC LES NOMS.

Règle. Tout adjectif doit être du même genre et du même nombre que le nom auquel il se rapporte.

Exemples. *Le bon père, la bonne mère : bon* est du masculin et du singulier, parce que *père* est du masculin et du singulier; *bonne* est du féminin et du singulier, parce que mère est du féminin et du singulier.

De beaux jardins, de belles fleurs : beaux est du masculin et au pluriel, parce que *jardins* est du masculin et au pluriel, etc.

Quand un adjectif se rapporte à deux noms singuliers, on met cet adjectif au pluriel, parce que deux singuliers valent un pluriel.

Exemple. *Le roi et le berger sont* égaux *après la mort* (et non pas *égal*).

Si les deux noms sont de différens genres, on met l'adjectif au masculin.

Exemple. *Mon père et ma mère sont* contens (et non pas *contentes*).

Quant à la place des adjectifs, il y en a qui se mettent devant le nom, comme *beau* jardin, *grand* arbre, etc. D'autres se mettent après le nom, comme *habit* rouge, *table* ronde, etc. L'usage est le seul guide à cet égard.

RÉGIME DES ADJECTIFS. (1)

Règle. Pour joindre un nom à un adjectif précédent, on met *de* ou *à* entre cet adjectif et le nom : alors on appelle ce nom le *régime* de l'adjectif.

Exemple. *Digne de récompense, content de son sort, utile à l'homme, semblable à son père, propre à la guerre. Récompense* est le régime de l'adjectif *digne*, parce qu'il est joint à cet adjectif par le mot *de. L'homme* est le régime de l'adjectif *utile*, parce qu'il est joint à cet adjectif par le mot *à*.

Degrés de signification dans les Adjectifs.

On distingue dans les adjectifs trois degrés de signification, le *positif*, le *comparatif*, et le *superlatif*.

Le *positif* n'est autre chose que l'adjectif même, comme *beau, belle, agréable*.

Le *comparatif*, c'est l'adjectif avec comparaison : quand on compare deux choses, on trouve que l'une est ou supérieure à l'autre, ou inférieure à l'autre, ou égale à l'autre.

---

(1) La manière d'accorder un mot avec un autre mot, ou de faire régir un mot par un autre mot, s'appelle la *syntaxe* : ainsi la syntaxe est la manière de joindre les mots ensemble. Il y a deux sortes de syntaxe : la syntaxe d'*accord*, par laquelle on fait accorder deux mots en genre, en nombre, etc.; la syntaxe de *régime*, par laquelle un mot régit *de* ou *à* devant un autre mot.

Pour marquer un comparatif de *supériorité* , on met *plus* devant l'adjectif, comme *la rose est* plus *belle que la violette.*

Pour marquer un comparatif *d'infériorité*, l'on met *moins* devant l'adjectif, comme *la violette est* moins *belle que la rose.*

Pour marquer un comparatif *d'égalité* , on met *aussi* devant l'adjectif, comme *la rose est* aussi *belle que la tulipe.*

Le mot *que* sert à joindre les deux choses que l'on compare.

Nous avons trois adjectifs qui expriment seuls une comparaison : *meilleur,* au lieu de *plus bon*, qui ne se dit pas ; *moindre*, au lieu de *plus petit ; pire* , au lieu de *plus mauvais :* comme *la vertu est* meilleure *que la science,* *le mensonge est* pire *que l'indocilité.*

L'adjectif est au *superlatif* quand il exprime la qualité dans un très-haut degré , ou dans le plus haut degré. Pour former le superlatif on met *très* , ou *le plus* , devant l'adjectif, comme *Paris est une très-belle ville* , et alors le superlatif s'appelle *absolu;* ou *Paris est* la plus *belle des villes ;* et ce superlatif s'appelle *relatif,* parce qu'il marque un rapport aux autres villes.

Noms et Adjectifs de nombre.

Les noms de nombre sont ceux dont on se sert pour compter.

Il y en a de deux sortes : les noms de nombre *cardinaux*, et les noms de nombre *ordinaux.*

Les noms de nombre *cardinaux* sont *un,*

deux, trois, quatre, cinq, six, sept, huit, neuf, dix, onze, douze, treize, quatorze, quinze, seize, dix-sept, dix-huit, dix-neuf, vingt, trente, quarante, cinquante, soixante, quatre-vingts, cent, mille, etc.

Les noms de nombre *ordinaux* se forment des cardinaux : ces noms sont *premier, second, troisième, quatrième, cinquième, sixième, septième, huitième, neuvième, dixième,* etc.

Il y a encore des noms de nombre qui servent à marquer une certaine quantité, comme une *dizaine*, une *douzaine*, etc.

Il y en a encore d'autres qui marquent les parties d'un tout, comme la *moitié*, le *tiers*, le *quart*, etc.

Enfin il y en a qui servent à multiplier, comme le *double*, le *triple*, etc.

CHAPITRE IV.
QUATRIÈME ESPÈCE DE MOTS.
Du Pronom.

Le *pronom* est un mot qui tient la place du nom.

Pronoms personnels.

Les Pronoms *personnels* sont ceux qui désignent les personnes.

Il y a trois personnes : la première personne est celle qui parle ; la seconde personne est celle à qui l'on parle ; la troisième personne est celle de qui l'on parle.

Pronom de la première personne.

Ce pronom est des deux genres : masculin, si c'est un homme qui parle ; féminin, si c'est une femme.

E X E M P L E S.

SINGULIER.   Je *ou* moi.

Me *pour* à moi, moi. { *Le maître* me *donnera un livre;* c'est-à-dire , *donnera* à moi. *Le maître* me *regarde;* c'est-à-dire , *regarde* moi.

PLURIEL.   Nous.

Pronom de la seconde personne.

Il est des deux genres : masculin, si c'est à un homme qu'on parle ; féminin, si c'est à une femme.

E X E M P L E S.

SINGULIER.   Tu *ou* toi.

Te *pour* à toi , toi. { *Le maître* te *donnera un livre;* c'est-à-dire , *donnera* à toi. *Le maître* te *regarde* ; c'est-à-dire , *regarde* toi.

PLURIEL.   Vous.

Remarque. Par politesse on dit *vous* au lieu de *tu* au singulier ; par exemple, en parlant à un enfant : *vous* êtes bien aimable.

Pronom de la troisième personne.

E X E M P L E S.

SINGULIER. *Masculin ,* Il. *Féminin ,* Elle.

Lui *pour* à lui, à elle. { *Je* lui *dois de l'estime ;* c'est-à-dire, *je dois* à lui, à elle.

Masculin, Le. { *Je* le *connois ;* c'est-à-dire, *je connois* lui.

Féminin, La. } *Je* la *connois,* c'est-à-dire, *je connois* elle.

PLURIEL. *Masculin,* Ils *ou* Eux. *Féminin,* Elles.

Leur *pour* à eux, à elles. { *Je* leur *dois le respect ;* c'est-à-dire, *je dois* à eux, à elles.

Les *pour* eux, elles. { *Je* les *connois ;* c'est-à-dire, *je connois* eux, elles.

Il y a encore un pronom de la troisième personne, *soi, se ;* il est des deux genres et des deux nombres : on l'appelle *pronom réfléchi,* parce qu'il marque le rapport d'une personne à elle-même.

EXEMPLES.

De Soi.

Se *pour* à soi, soi. { *Il* se *donne des louanges ;* c'est-à-dire, *il donne* à soi. *Il* se *flatte ;* c'est-à-dire, *il flatte* soi.

Il y a deux mots qui servent de pronoms ;
SAVOIR:

1°. *En,* qui signifie *de lui, d'elle, d'eux, d'elles :* ainsi quand on dit, *j'en parle,* on peut entendre, *je parle* de lui, d'elle, *etc.* selon la personne ou la chose dont le nom a été exprimé auparavant.

2°. *Y,* qui signifie *à cette chose, à ces choses ;* comme quand on dit, *je m'y applique,* c'est-à-dire *je m'applique* à cette chose, à ces choses.

Règle des Pronoms.

Les pronoms *il, elle, ils, elles,* doivent toujours être du même genre et du même nombre que le nom dont ils tiennent la place : ainsi, en parlant de la tête, dites : elle *me fait mal; elle*, parce que ce pronom se rapporte à *tête*, qui est du féminin et au singulier ; et en parlant de plusieurs jardins, dites: ils *sont beaux; ils*, parce que ce pronom se rapporte à *jardins*, qui est du masculin et au pluriel.

Pronoms adjectifs.

Il y a des pronoms adjectifs qui marquent la possession d'une chose, comme *mon* livre, *votre* cheval, *son* chapeau; c'est-à-dire, le livre *qui est à moi*, le cheval *qui est à vous*, le chapeau *qui est à lui.*

SINGULIER.		PLURIEL.
Masculin.	*Féminin.*	*Des deux Genres.*
Mon.	Ma.	
Ton.	Ta.	Mes.
Son.	Sa.	Tes.
Des deux genres.		Ses.
Notre.		Nos.
Votre.		Vos.
Leur.		Leurs.

Première remarque. Ces pronoms sont toujours joints à un nom : *mon livre*, *ton chapeau.*

Deuxième remarque. Mon, ton, son, s'emploient au féminin devant une voyelle ou une *h* muette : on dit (1) *mon ame* pour *ma*

---

(1) On dit de même, *viendra-t-il,* pour *viendra-il?* si *l'on*, pour *si on*: cette manière de s'exprimer n'est que pour rendre la prononciation plus douce.

ame, *ton humeur*, pour *ta humeur; son épée* pour *sa épée.*

Autre Pronom.

SINGULIER.		PLURIEL.	
Masculin.	*Féminin.*	*Masculin.*	*Féminin.*
Le Mien.	La Mienne.	Les Miens.	Les Miennes,
Le Tien.	La Tienne.	Les Tiens.	Les Tiennes.
Le Sien.	La Sienne.	Les Siens.	Les Siennes,
		Des deux Genres.	
Le Nôtre.	La Nôtre.	Les Nôtres.	
Le Vôtre.	La Vôtre.	Les Vôtres.	
Le Leur.	La Leur.	Les Leurs.	

2°. Il y a des pronoms adjectifs qui servent à montrer la chose dont on parle, comme quand je dis : *ce* livre, *cette* table, je montre un *livre*, une *table*.

SINGULIER.		PLURIEL.	
Masculin.	*Féminin.*	*Masculin.*	*Féminin.*
Ce, Cet.	Cette.	Ces.	Ces.
Celui.	Celle.	Ceux.	Celles.
Celui-ci.	Celle-ci.	Ceux-ci.	Celles-ci.
Celui-là.	Celle-là.	Ceux-là.	Celles-là.
Ceci.			
Cela.			

Remarque. On met *ce* devant les noms qui commencent par une consonne ou une *h* aspirée : *ce village*, *ce hameau* : on met *cet* devant une voyelle ou une *h* muette : *cet oiseau*, *cet* homme.

Celui-ci, *celle-ci*, s'emploient pour montrer des choses qui sont proches : *celui-là*, *celle-là*, pour montrer des choses éloignées.

3°. Il y a des pronoms *relatifs*, c'est-à-dire qui ont rapport à un nom qui est devant, comme quand je dis : *Dieu* qui *a créé le monde, qui* se rapporte à *Dieu ; le livre* que *je lis, que* se rapporte à *livre*. Le mot auquel *qui* ou *que* se rapporte, s'appelle *antécédent*. Dans les deux exemples ci-dessus, *Dieu* est l'antécédent du pronom relatif *qui ; livre* est l'antécédent du pronom relatif *que*.

Pronom relatif.

Qui.
Dont ou de qui. } *des deux genres et des deux nombres.*
Que.

Règle du Qui *ou* Que *relatif.*

Qui, que, relatif, s'accorde avec son antécédent en *genre*, en *nombre* et en *personne :* ainsi dans cet exemple : *l'enfant* qui *joue, qui* est du singulier et de la troisième personne, parce que *l'enfant* est du singulier et de la troisième personne ; il est du masculin, si c'est un petit garçon qui joue ; il est du féminin, si c'est une petite fille.

4°. Il y a des pronoms *interrogatifs :* qui ? *que*? *quel*? *quelle*? comme quand on dit: qui *a fait cela* ? que *vous dirai-je*? Qui ou *que* est interrogatif, quand il n'a point d'antécédent, et qu'on peut le tourner par *quelle personne*? ou *quelle chose*? Dans les deux exemples ci-dessus on peut dire : *quelle personne* a fait cela? *quelle chose* vous dirai-je?

Pronoms indéfinis, c'est-à-dire, qui signi-
fient d'une manière générale.

Il y a quatre sortes de pronoms *indéfinis* :

1°. Ceux qui ne se joignent jamais à un nom, comme : *on, quelqu'un, quelqu'une, qui-*
conque, chacun, chacune, autrui, personne,
rien. Quand je dis : on *frappe à la porte,*
quelqu'un *vous appelle,* je parle d'une personne, mais je ne désigne pas laquelle.

2°. Ceux qui sont toujours joints à un nom, comme *quelque, chaque, quelcon-*
que, certain, certaine. Exemples : quelque *nouvelle,* certain *auteur.*

3°. Ceux qui sont tantôt joints à un nom, et tantôt seuls, comme *nul, nulle; aucun,*
aucune; l'un, l'autre; même; tel, telle;
plusieurs; tout, toute.

4°. Ceux qui sont suivis de *que,* comme *qui* que ce soit, *quoi* que ce soit, *quel,*
quelle que; par exemple : *quel* que soit vo-
tre mérite, *quelle* que soit votre fortune.
Quoi que; par exemple : *quoi* que vous fas-
siez. *Quelque...* que; par exemple : *quel-*
ques richesses que vous ayez. *Tout...* que,
toute... que; par exemple : *tout* savant que
vous êtes, la campagne *toute* belle qu'elle est.

CHAPITRE V.

CINQUIÈME ESPÈCE DE MOTS.
Le Verbe.

Le Verbe est un mot dont on se sert pour

exprimer que l'on est, ou que l'on fait quelque chose : ainsi le mot *être* , *je suis* , est un verbe ; le mot *lire*, *je lis* , est un verbe.

On connoît un verbe en françois quand on peut y ajouter ces pronoms, *je* , *tu*, *il* , *nous* , *vous* , *ils* ; comme je *lis* , tu *lis* , il *lit* ; nous *lisons* , vous *lisez* , ils *lisent*.

Les pronoms *je* , *nous* , marquent la première personne , c'est-à-dire, celle qui parle ; *tu* , *vous* , marquent la seconde personne , c'est-à-dire, celle à qui l'on parle ; *il* , *elle* , *ils* , *elles* , et tout nom placé devant un verbe , marquent la troisième personne, c'est-à-dire celle de qui l'on parle.

Il y a dans les verbes deux nombres : le *singulier*, quand on parle d'une seule personne , comme *je lis* , *l'enfant dort* ; le *pluriel* , quand on parle de plusieurs personnes, comme *nous lisons* , *les enfans dorment*.

Il y a trois temps : le *présent* , qui marque que la chose est ou se fait actuellement , comme *je lis* ; le *passé* ou *prétérit* , qui marque que la chose a été faite , comme *j'ai lu* ; le *futur*, qui marque que la chose sera ou se fera , comme *je lirai*.

On distingue plusieurs sortes de prétérits ou passés, savoir, un *imparfait* , *je lisois* ; trois *parfaits* , *je lus* , *j'ai lu* , *j'eus lu* ; et un *plus-que-parfait*, *j'avois lu*.

On distingue aussi deux futurs : le futur simple, *je lirai* ; et le futur passé, *j'aurai lu*.

Il y a cinq modes ou manières de signifier dans les verbes françois.

1°. L'*indicatif*, quand on affirme que la chose est, ou qu'elle a été, ou qu'elle sera.

2°. Le *conditionnel*, quand on dit qu'une chose seroit, ou qu'elle auroit été, moyennant une condition.

3°. L'*impératif*, quand on commande de la faire.

4°. Le *subjonctif*, quand on souhaite, ou qu'on doute qu'elle se fasse.

5°. L'*infinitif*, qui exprime l'action ou l'état en général, sans nombre ni personne, comme *lire*, *être*.

Réciter de suite les différens modes d'un verbe avec tous leurs temps, leurs nombres et leurs personnes, cela s'appelle *conjuguer*.

Il y a en françois quatre conjugaisons différentes, que l'on distingue par la terminaison de l'infinitif.

La première conjugaison a l'infinitif terminé en *er*, comme *aimer*.

La seconde a l'infinitif terminé en *ir*, comme *finir*.

La troisième a l'infinitif terminé en *oir*, comme *recevoir*.

La quatrième a l'infinitif terminé en *re*, comme *rendre*.

Il y a deux verbes que l'on nomme *auxiliaires*, parce qu'ils aident à conjuguer tous les autres; nous commencerons par ces deux verbes.

VERBE AUXILIAIRE AVOIR.

INDICATIF.

PRÉSENT.

Sing. J'ai.
    Tu as. (1)
    Il *ou* elle a.
Plur. Nous avons.
    Vous avez.
    Ils *ou* elles ont.

IMPARFAIT.

J'avois.
Tu avois.
Il avoit.
Nous avions.
Vous aviez.
Ils *ou* elles avoient.

PRÉTÉRIT DÉFINI (2).

J'eus.
Tu eus.
Il eut.
Nous eûmes.
Vous eûtes.
Ils eurent.

PRÉTÉRIT INDÉFINI.

J'ai eu.
Tu as eu.
Il a eu.
Nous avons eu.
Vous avez eu.
Ils ont eu.

PRÉTÉRIT ANTÉRIEUR.

J'eus eu.
Tu eus eu.
Il eut eu.
Nous eûmes eu.
Vous eûtes eu.
Ils eurent eu.

PLUS-QUE-PARFAIT.

J'avois eu.
Tu avois eu.
Il avoit eu.
Nous avions eu.
Vous aviez eu.
Ils avoient eu.

FUTUR.

J'aurai.
Tu auras.
Il aura.
Nous aurons.
Vous aurez.
Ils auront.

FUTUR PASSÉ.

J'aurai eu.
Tu auras eu.
Il aura eu.
Nous aurons eu.
Vous aurez eu.
Ils auront eu.

---

(1) Toutes les secondes personnes du singulier ont une *s* à la fin.

(2) On appelle prétérit *défini* celui qui marque un temps entièrement passé. Exemple : *j'eus hier la fièvre.* On appelle

CONDITIONNELS.
PRÉSENT.
J'aurois.
Tu aurois.
Il auroit.
Nous aurions.
Vous auriez.
Ils auroient.
PASSÉ.
J'aurois eu.
Tu aurois eu.
Il auroit eu.
Nous aurions eu.
Vous auriez eu.
Ils auroient eu.

On dit aussi : *j'eusse eu, tu eusses eu, il eût eu, nous eussions eu, vous eussiez eu, ils eussent eu.*

IMPERATIF.
Point de première personne.
Aie *ou* aye.
Qu'il ait.
Ayons.
Ayez.
Qu'ils aient *ou* ayent.

SUBJONCTIF.
PRÉSENT ou FUTUR.
Que j'aie.
Que tu aies.
Qu'il ait.
Que nous ayons.
Que vous ayez.
Qu'ils aient.

IMPARFAIT.
Que j'eusse.
Que tu eusses.
Qu'il eût.
Que nous eussions.
Que vous eussiez.
Qu'ils eussent.
PRÉTÉRIT.
Que j'a e eu.
Que tu aies eu.
Qu'il ait eu.
Que nous ayons eu.
Que vous ayez eu.
Qu'ils aient eu.
PLUS-QUE-PARFAIT.
Que j'eusse eu.
Que tu eusses eu.
Qu'il eût eu.
Que nous eussions eu.
Que vous eussiez eu.
Qu'ils eussent eu.

INFINITIF.
PRÉSENT.
Avoir.
PRÉTÉRIT.
Avoir eu.

PARTICIPES.
PRÉSENT.
Ayant.
PASSE.
Eu, eue, ayant eu.
FUTUR.
Devant avoir.

prétérit *indéfini,* celui qui marque un temps dont il peut rester encore quelque partie à s'écouler. Exemple : *j'ai eu la fièvre aujourd'hui.* On appelle prétérit *antérieur,* celui qui marque une chose faite avant une autre. Exemple : *dès que nous eûmes vu la fête, nous partîmes.*

VERBE AUXILIAIRE ÊTRE.

INDICATIF.

PRÉSENT.

Je suis.
Tu es.
Il *ou* elle est.
Nous sommes.
Vous êtes.
Ils *ou* elles sont.

IMPARFAIT.

J'étois.
Tu étois.
Il *ou* elle étoit.
Nous étions.
Vous étiez.
Ils *ou* elles étoient.

PRÉTÉRIT DÉFINI.

Je fus.
Tu fus.
Il fut.
Nous fûmes.
Vous fûtes.
Ils furent.

PRÉTÉRIT INDÉFINI.

J'ai été.
Tu as été.
Il a été.
Nous avons été.
Vous avez été.
Ils ont été.

PRÉTÉRIT ANTÉRIEUR.

J'eus été.
Tu eus été.
Il eut été.

Nous eûmes été.
Vous eûtes été.
Ils eurent été.

PLUS-QUE-PARFAIT.

J'avois été.
Tu avois été.
Il avoit été.
Nous avions été.
Vous aviez été.
Ils avoient été.

FUTUR.

Je serai.
Tu seras.
Il sera.
Nous serons.
Vous serez.
Ils seront.

FUTUR PASSÉ.

J'aurai été.
Tu auras été.
Il aura été.
Nous aurons été.
Vous aurez été.
Ils auront été.

CONDITIONNELS

PRÉSENT.

Je serois.
Tu serois.
Il seroit.
Nous serions.
Vous seriez.
Ils seroient.

PASSÉ.

J'aurois été.

Tu aurois été.

Il auroit été.

Nous aurions été.

Vous auriez été.

Ils auroient été.

On dit aussi : *j'eusse été, tu eusses été, il eût été, nous eussions été, vous eussiez été, ils eussent été.*

IMPÉRATIF.

Point de première personne.

Sois.

Qu'il soit.

Soyons.

Soyez.

Qu'ils soient.

SUBJONCTIF.

PRÉSENT.

Que je sois.

Que tu sois.

Qu'il soit.

Que nous soyons;

Que vous soyez.

Qu'ils soient.

IMPARFAIT.

Que je fusse.

Que tu fusses.

Qu'il fût.

Que nous fussions.

Que vous fussiez.

Qu'ils fussent.

PRÉTÉRIT.

Que j'aie été.

Que tu aies été.

Qu'il ait été.

Que nous ayons été.

Que vous ayez été.

Qu'ils aient été.

PLUS-QUE-PARFAIT.

Que j'eusse été.

Que tu eusses été.

Qu'il eût été.

Que nous eussions été.

Que vous eussiez été.

Qu'ils eussent été.

INFINITIF.

PRÉSENT.

Etre.

PRÉTÉRIT.

Avoir été.

PARTICIPES.

PRÉSENT.

Étant.

PASSÉ.

Eté, ayant été.

FUTUR.

Devant être.

PREMIÈRE CONJUGAISON,
EN ER.
INDICATIF.

PRÉSENT.

J'aime.

Tu aimes.

Il *ou* elle aime.

Nous aimons.

Vous aimez.

Ils *ou* elles aiment.

IMPARFAIT.

J'aimois.
Tu aimois.
Il *ou* elle aimoit.
Nous aimions.
Vous aimiez.
Ils *ou* elles aimoient.

PRÉTÉRIT DÉFINI.

J'aimai.
Tu aimas.
Il aima.
Nous aimâmes.
Vous aimâtes.
Ils aimèrent.

PRÉTÉRIT INDÉFINI.

J'ai aimé.
Tu as aimé.
Il a aimé.
Nous avons aimé.
Vous avez aimé.
Ils ont aimé.

PRÉTÉRIT ANTÉRIEUR.

J'eus aimé.
Tu eus aimé.
Il eut aimé.
Nous eûmes aimé.
Vous eûtes aimé.
Ils eurent aimé (1).

PLUS-QUE-PARFAIT.

J'avois aimé.
Tu avois aimé.
Il avoit aimé.
Nous avions aimé.

Vous aviez aimé.
Ils avoient aimé.

FUTUR.

J'aimerai.
Tu aimeras.
Il aimera.
Nous aimerons.
Vous aimerez.
Ils aimeront.

FUTUR PASSÉ.

J'aurai aimé.
Tu auras aimé.
Il aura aimé.
Nous aurons aimé.
Vous aurez aimé.
Ils auront aimé.

CONDITIONNELS.

PRÉSENT.

J'aimerois.
Tu aimerois.
Il aimeroit.
Nous aimerions.
Vous aimeriez.
Ils aimeroient.

PASSÉ.

J'aurois aimé.
Tu aurois aimé.
Il auroit aimé.
Nous aurions aimé
Vous auriez aimé.
Ils auroient aimé.

On dit aussi: *j'eusse aimé, tu eusses aimé, il eût aimé, nous*

---

(1) Il y a un quatrième prétérit, dont on se sert rarement ; le voici : J'ai eu aimé, tu as eu aimé, il a eu aimé, nous avons eu aimé, vous avez eu aimé, ils out eu aimé.

eussions aimé, vous eussiez aimé, ils eussent aimé.

IMPÉRATIF.

Point de première personne.

Aime.

Qu'il aime.

Aimons.

Aimez.

Qu'ils aiment.

SUBJONCTIF.

PRÉSENT ou FUTUR.

Que j'aime.

Que tu aimes.

Qu'il aime.

Que nous aimions.

Que vous aimiez.

Qu'ils aiment.

IMPARFAIT.

Que j'aimasse.

Que tu aimasses.

Qu'il aimât.

Que nous aimassions.

Que vous aimassiez.

Qu'ils aimassent.

PRÉTÉRIT.

Que j'aye aimé.

Que tu ayes aimé.

Qu'il ait aimé.

Que nous ayons aimé.

Que vous ayez aimé.

Qu'ils aient aimé.

PLUS-QUE-PARFAIT.

Que j'eusse aimé.

Que tu eusses aimé.

Qu'il eût aimé.

Que nous eussions aimé.

Que vous eussiez aimé.

Qu'ils eussent aimé.

INFINITIF.

PRÉSENT.

Aimer.

PASSÉ.

Avoir aimé.

PARTICIPES.

PRÉSENT.

Aimant.

PASSÉ.

Aimé, aimée, ayant aimé.

FUTUR.

Devant aimer.

Ainsi se conjuguent les verbes *chanter, danser, manger, appeler*, et tous ceux dont l'infinitif se termine en *er*.

SECONDE CONJUGAISON,

EN IR.

INDICATIF.

PRÉSENT.

Je finis.

Tu finis.

Il finit.

Nous finissons.

Vous finissez.

Ils finissent.

IMPARFAIT.

Je finissois.
Tu finissois.
Il finissoit.
Nous finissions.
Vous finissiez.
Ils finissoient.

PRÉTÉRIT DÉFINI.

Je finis.
Tu finis.
Il finit.
Nous finîmes.
Vous finîtes.
Ils finirent.

PRÉTÉRIT INDÉFINI.

J'ai fini.
Tu as fini.
Il a fini.
Nous avons fini.
Vous avez fini.
Ils ont fini.

PRÉTÉRIT ANTÉRIEUR.

J'eus fini.
Tu eus fini.
Il eut fini.
Nous eûmes fini.
Vous eûtes fini.
Ils eurent fini (1).

PLUS-QUE-PARFAIT.

J'avois fini.
Tu avois fini.
Il avoit fini.
Nous avions fini.

Vous aviez fini.
Ils avoient fini.

FUTUR.

Je finirai.
Tu finiras.
Il finira.
Nous finirons.
Vous finirez.
Ils finiront.

FUTUR PASSÉ.

J'aurai fini.
Tu auras fini.
Il aura fini.
Nous aurons fini.
Vous aurez fini.
Ils auront fini.

CONDITIONNELS.

PRÉSENT.

Je finirois.
Tu finirois.
Il finiroit.
Nous finirions.
Vous finiriez.
Ils finiroient.

PASSÉ.

J'aurois fini.
Tu aurois fini.
Il auroit fini.
Nous aurions fini.
Vous auriez fini.
Ils auroient fini.

On dit aussi : *j'eusse fini, tu eusses fini, il eût fini, nous cussions fini, vous eussiez fini, ils eussent fini.*

_____

(1) Il y a un quatrième prétérit, mais on s'en sert rarement. Le voici : J'ai eu fini, tu as eu fini, il a eu fini, nous avons eu fini, vous avez eu fini, ils ont eu fini.

IMPÉRATIF.

Point de première personne.
Finis.
Qu'il finisse.
Finissons.
Finissez.
Qu'ils finissent.

SUBJONCTIF.

PRÉSENT ou FUTUR.

Que je finisse.
Que tu finisses.
Qu'il finisse.
Que nous finissions.
Que vous finissiez.
Qu'ils finissent.

IMPARFAIT.

Que je finisse.
Que tu finisses.
Qu'il finît.
Que nous finissions.
Que vous finissiez.
Qu'ils finissent.

PRÉTÉRIT.

Que j'aie fini.
Que tu aes fini.

Qu'il ait fini.
Que nous ayons fini.
Que vous ayez fini.
Qu'ils aient fini.

PLUS-QUE-PARFAIT.

Que j'eusse fini.
Que tu eusses fini.
Qu'il eût fini.
Que nous eussions fini.
Que vous eussiez fini.
Qu'ils eussent fini.

INFINITIF.

PRÉSENT.

Finir.

PRÉTÉRIT.

Avoir fini.

PARTICIPES.

PRÉSENT.

Finissant.

PASSÉ.

Fini, finie, ayant fini.

FUTUR.

Devant finir.

Ainsi se conjuguent *avertir, guérir, ensevelir, bénir* : mais ce dernier a deux participes ; *bénit, bénite,* pour les choses consacrées par les prières des prêtres; *béni, bénie,* par-tout ailleurs. *Haïr ;* mais ce verbe fait au présent de l'indicatif, je *hais,* tu *hais,* il *hait ;* on prononce, je *hès,* tu *hès,* il *hèt.*

TROISIEME CONJUGAISON,

En OIR.

INDICATIF.

PRÉSENT.

Je reçois.
Tu reçois.
Il reçoit.
Nous recevons.
Vous recevez.
Ils reçoivent.

IMPARFAIT.

Je recevois.
Tu recevois.
Il recevoit.
Nous recevions.
Vous receviez.
Ils recevoient.

PRÉTÉRIT DÉFINI.

Je reçus.
Tu reçus.
Il reçut.
Nous reçûmes.
Vous reçûtes.
Ils reçurent.

PRÉTÉRIT INDÉFINI.

J'ai reçu.
Tu as reçu.
Il a reçu.
Nous avons reçu.
Vous avez reçu.
Ils ont reçu.

PRÉTÉRIT ANTÉRIEUR.

J'eus reçu.
Tu eus reçu.
Il eut reçu.
Nous eûmes reçu.
Vous eûtes reçu.
Ils eurent reçu (1).

PLUS-QUE-PARFAIT.

J'avois reçu.
Tu avois reçu.
Il avoit reçu.
Nous avions reçu.
Vous aviez reçu.
Ils avoient reçu.

FUTUR.

Je recevrai.
Tu recevras.
Il recevra.
Nous recevrons.
Vous recevrez.
Ils recevront.

FUTUR PASSÉ.

J'aurai reçu.
Tu auras reçu.
Il aura reçu.
Nous aurons reçu.
Vous aurez reçu.
Ils auront reçu.

---

(1) Il y a un quatrième prétérit, mais on s'en sert rarement.
Le voici : J'ai eu reçu, tu as eu reçu, il a eu reçu, nous avons
eu reçu, vous avez eu reçu, ils ont eu reçu.

CONDITIONNELS.
PRÉSENT.

Je recevrois.
Tu recevrois.
Il recevroit.
Nous recevrions
Vous recevriez.
Ils recevroient.

PASSÉ.

J'aurois reçu.
Tu aurois reçu.
Il auroit reçu.
Nous aurions reçu.
Vous auriez reçu.
Ils auroient reçu.

On dit aussi : *j'eusse reçu, tu eusses reçu, il eût reçu, nous eussions reçu, vous eussiez reçu, ils eussent reçu.*

IMPERATIF.
Point de première personne.

Reçois.
Qu'il reçoive.
Recevons.
Recevez.
Qu'ils reçoivent.

SUBJONCTIF.
PRÉSENT ou FUTUR.

Que je reçoive.
Que tu reçoives.
Qu'il reçoive.
Que nous recevions.
Que vous receviez.
Qu'ils reçoivent.

IMPARFAIT.

Que je reçusse.
Que tu reçusses.
Qu'il reçût.
Que nous reçussions.
Que vous reçussiez.
Qu'ils reçussent.

PRÉTÉRIT.

Que j'aie reçu.
Que tu aies reçu.
Qu'il ait reçu.
Que nous ayons reçu
Que vous ayez reçu.
Qu'ils aient reçu.

PLUS-QUE-PARFAIT

Que j'eusse reçu.
Que tu eusses reçu.
Qu'il eût reçu.
Que nous eussions reçu.
Que vous eussiez reçu.
Qu'ils eussent reçu.

INFINITIF.
PRÉSENT.

Recevoir.

PRÉTÉRIT.

Avoir reçu.

PARTICIPES
PRÉSENT.

Recevant.

PASSÉ.

Reçu, reçue, ayant reçu.

FUTUR,

Devant recevoir.

Ainsi se conjuguent *apercevoir, concevoir, devoir, percevoir.*

QUATRIÈME CONJUGAISON,
E_N_ RE.
INDICATIF.

PRÉSENT.
Je rends.
Tu rends.
Il rend.
Nous rendons.
Vous rendez.
Ils rendent.

IMPARFAIT.
Je rendois.
Tu rendois.
Il rendoit.
Nous rendions.
Vous rendiez.
Ils rendoient.

PRÉTÉRIT DÉFINI.
Je rendis.
Tu rendis.
Il rendit.
Nous rendîmes.
Vous rendîtes.
Ils rendirent.

PRÉTÉRIT INDÉFINI.
J'ai rendu.
Tu as rendu.
Il a rendu.
Nous avons rendu.
Vous avez rendu.
Ils ont rendu.

PRÉTÉRIT ANTÉRIEUR.
J'eus rendu.
Tu eus rendu.
Il eût rendu.
Nous eûmes rendu.
Vous eûtes rendu.
Ils eurent rendu (1).

PLUS-QUE-PARFAIT.
J'avois rendu.
Tu avois rendu.
Il avoit rendu.
Nous avions rendu.
Vous aviez rendu.
Ils avoient rendu.

FUTUR.
Je rendrai.
Tu rendras.
Il rendra.
Nous rendrons.
Vous rendrez.
Ils rendront.

FUTUR PASSÉ.
J'aurai rendu.
Tu auras rendu.
Il aura rendu.
Nous aurons rendu.
Vous aurez rendu.
Ils auront rendu.

(1) Il y a un quatrième prétérit, mais on s'en sert rarement. Le voici : J'ai eu rendu, tu as eu rendu, il a eu rendu, nous avons eu rendu, vous avez eu rendu, ils ont eu rendu.

CONDITIONNELS.

PRÉSENT.

Je rendrois.
Tu rendrois.
Il rendroit.
Nous rendrions.
Vous rendriez.
Ils rendroient.

PASSÉ.

J'aurois rendu.
Tu aurois rendu.
Il auroit rendu.
Nous aurions rendu.
Vous auriez rendu.
Ils auroient rendu.

On dit aussi : *j'eusse rendu,
tu eusses rendu, il eût rendu,
nous eussions rendu, vous
eussiez rendu, ils eussent
rendu.*

IMPERATIF.

Point de première personne.
Rends.
Qu'il rende.
Rendons.
Rendez.
Qu'ils rendent.

SUBJONCTIF.

PRÉSENT ou FUTUR.

Que je rende.
Que tu rendes.
Qu'il rende.
Que nous rendions.
Que vous rendiez.
Qu'ils rendent.

IMPARFAIT.

Que je rendisse.
Que tu rendisses.
Qu'il rendît.
Que nous rendissions.
Que vous rendissiez.
Qu'ils rendissent.

PRÉTÉRIT.

Que j'aie rendu.
Que tu aies rendu.
Qu'il ait rendu.
Que nous ayons rendu.
Que vous ayez rendu.
Qu'ils aient rendu.

PLUS-QUE-PARFAIT.

Que j'eusse rendu.
Que tu eusses rendu.
Qu'il eût rendu.
Que nous eussions rendu.
Que vous eussiez rendu.
Qu'ils eussent rendu.

INFINITIF.

PRÉSENT.

Rendre.

PRÉTÉRIT.

Avoir rendu.

PARTICIPES.

PRÉSENT.

Rendant.

PASSÉ.

Rendu, rendue, ayant
rendu.

FUTUR.

Devant rendre.

Ainsi se conjuguent *attendre, entendre,
suspendre, vendre.*

Des Temps primitifs.

On appelle *temps primitifs* d'un verbe ceux qui servent à former les autres temps dans les quatre conjugaisons.

TABLEAU DES TEMPS PRIMITIFS.

	Présent de l'infinitif.	Participe présent.	Participe passé.	Présent de l'indicatif.	Préterit de l'Indicatif.
PREMIÈRE CONJUGAISON.	Aimer.	Aimant.	Aimé.	J'aime.	J'aimai.
SECONDE CONJUGAISON.	Finir. Sentir Ouvrir. Tenir.	Finissant. Sentant. Ouvrant. Tenant.	Fini. Senti. Ouvert. Tenu.	Je finis. Je sens. J'ouvre. Je tiens.	Je finis. Je sentis. J'ouvris. Je tins.
TROISIÈME CONJUGAISON.	Recevoir.	Recevant.	Reçu.	Je reçois.	Je reçus.
QUATRIÈME CONJUGAISON.	Rendre. Plaire. Paroître. Réduire. Plaindre.	Rendant. Plaisant. Paroissant. Réduisant. Plaignant.	Rendu. Plu. Paru. Réduit. Plaint.	Je rends. Je plais. Je parois. Je réduis Je plains.	Je rendis. Je plus. Je parus. Je réduisis. Je plaignis.

I. Du présent de l'indicatif se forme l'impératif, en ôtant seulement le pronom *je* ; exemples : *j'aime*, impératif *aime* ; *je finis*, imp. *finis* ; *je reçois*, imp. *reçois* ; *je rends*, imp. *rends*.

Excepté quatre verbes : *je suis*, imp. *sois*, *j'ai*, imp. *aie* ; *je vais*, imp. *va* ; *je sais*, imp. *sache*.

II. Du prétérit de l'indicatif se forme l'imparfait du subjonctif, en changeant *ai* en *asse* pour la première conjugaison : *j'aimai*, imparfait du subjonctif *que j'aimasse* ; et en ajoutant seulement *se* pour les trois autres conjugaisons : *je finis*, *je finisse* ; *je reçus*, *je reçusse* ; *je rendis*, *je rendisse*.

III. Du présent de l'infinitif on forme :

1°. Le futur de l'indicatif, en changeant *r* ou *re* en *rai* ; exemples : *aimer*, *j'aimerai* ; *finir*, *je finirai* ; *rendre*, *je rendrai*.

EXCEPTIONS. Première conjugaison. *Aller*, futur, *j'irai* ; *envoyer*, *j'enverrai*.

Seconde conjugaison. *Tenir*, futur, *je tiendrai* ; *venir*, *je viendrai* ; *courir*, *je courrai* ; *cueillir*, *je cueillerai* ; *mourir*, *je mourrai* ; *acquérir*, *j'acquerrai*.

Troisième conjugaison. *Recevoir*, futur, *je recevrai* ; *avoir*, *j'aurai* ; *échoir*, *j'écherrai* ; *pouvoir*, *je pourrai* ; *savoir*, *je saurai* ; *s'asseoir*, *je m'assèyerai* ; *voir*, *je verrai* ; *vouloir*, *je voudrai* ; *valoir*, *je vaudrai* ; *falloir*, *il faudra* ; *pleuvoir*, *il pleuvra*.

Quatrième conjugaison. *Faire*, futur, *je ferai*; *être*, *je serai.*

2°. Du futur de l'indicatif on forme le conditionnel présent, en changeant *rai* en *rois* sans exception: *j'aimerai*, conditionnel, *j'aimerois*; *je finirai*, *je finirois*; *je recevrai*, *je recevrois*; *je rendrai*, *je rendrois.*

IV. Du participe présent on forme :

1°. L'imparfait de l'indicatif, en changeant *ant* en *ois* : *aimant*, imparfait, *j'aimois*; *finissant*, *je finissois*; *recevant*, *je recevois*; *rendant*, *je rendois.*

Exceptions. Il n'y a que deux exceptions : *ayant*, *j'avois*; *sachant*, *je savois.*

2°. Du même participe on forme la première personne plurielle du présent de l'indicatif, en changeant *ant* en *ons* : *aimant*, *nous aimons*; *finissant*, *nous finissons*; *recevant*, *nous recevons*; *rendant*, *nous rendons.*

Excepté : *étant*, *nous sommes*; *ayant*, *nous avons*; *sachant*, *nous savons.*

On forme aussi la seconde personne plurielle en *ez* : *vous aimez*, *vous finissez*, *vous recevez*, *vous rendez.*

Excepté : *faisant*, *vous faites*; *disant*, *vous dites.*

Et la troisième personne en *ent*, *ils aiment*, *ils finissent*, etc.

3°. Du même participe présent on forme le présent du subjonctif, en changeant *ant* en *e* muet : *aimant*, *que j'aime*; *finissant*, *que je finisse*; *rendant*, *que je rende.*

EXCEPTIONS. Première conjugaison. *Allant, que j'aille.*

Seconde conjugaison. *Tenant, que je tienne; venant, que je vienne; acquérant, que j'acquière.*

Troisième conjugaison. *Recevant, que je reçoive; pouvant, que je puisse; valant, que je vaille; voulant, que je veuille* (1); *mouvant, que je meuve; faillant, qu'il faille.*

Quatrième conjugaison. *Buvant, que je boive; faisant, que je fasse; étant, que je sois.*

V. Du participe passé on forme tous les temps composés (de deux mots), en y joignant les temps des verbes auxiliaires *avoir, être;* comme *j'ai aimé, j'ai fini, j'ai reçu, j'ai rendu; j'avois aimé, j'avois fini, j'avois reçu, j'avois rendu; j'aurai aimé, j'aurai fini, j'aurai reçu, j'aurai rendu; que j'eusse aimé, que j'eusse fini, que j'eusse reçu, que j'eusse rendu,* etc.

VERBES IRRÉGULIERS.

On appelle *irréguliers* les verbes qui ne suivent pas toujours la règle générale des conjugaisons.

Plusieurs de ces verbes ne sont pas usités à certains temps et à certaines personnes.

---

(1) *Que tu veuilles, qu'il veuille, que nous voulions, que vous vouliez, qu'ils veuillent.*

TEMPS PRIMITIFS

DES

VERBES IRRÉGULIERS.

Présent de l'infinitif.	Participe présent.	Participe passé.	Présent de l'indicatif.	Prétérit de l'indicatif.
PREMIÈRE CONJUGAISON.				
aller	allant	allé	je vais	j'allai
puer	puant	pué	je pus	je puai
SECONDE CONJUGAISON.				
courir	courant	couru	je cours	je courus
cueillir	cueillant	cueilli	je cueille	je cueillis
fuir	fuyant	fui	je fuis	je fuis
mourir	mourant	mort	je meurs	je mourus
faillir	faillant	failli	je faux	je faillis
acquérir	acquérant	acquis	j'acquiers	j'acquis
saillir	saillant	sailli	je saille	je saillis
tressaillir	tressaillant	tressailli	je tressaille	je tressaillis
vêtir	vêtant	vêtu	je vêts	je vêtis
revêtir	revêtant	revêtu	je revêts	je revêtis
TROISIÈME CONJUGAISON.				
choir				
déchoir	. . . . .	déchu	je déchois	je déchus
échoir	échéant	échu	il échet	j'échus
falloir	. . . . .	fallu	il faut	il fallut
mouvoir	mouvant	mu	je meus	je mus
pleuvoir	pleuvant	plu	il pleut	il plut
pouvoir	pouvant	pu	je puis	je pus
savoir	sachant	su	je sais	je sus
s'asseoir	s'asseyant	assis	je m'assieds	je m'assis
surseoir	. . . . .	sursis	je surseois	je sursis
valoir	valant	valu	je vaux	je valus
voir	voyant	vu	je vois	je vis
pourvoir	pourvoyant	pourvu	je pourvois	je pourvus
vouloir	voulant	voulu	je veux	je voulus

QUATRIÈME CONJUGAISON.

Présent de l'infinitif.	Participe présent.	Participe passé.	Présent de l'indicatif.	Prétérit de l'indicatif.
battre	battant	battu	je bats	je battis
boire	buvant	bu	je bois	je bus
braire	. . . . .	. . . . .	il brait	. . . . .
bruire	bruyant	. . . . .	. . . . .	. . . . .
circoncire	. . . . .	circoncis	je circoncis	je circoncis
clore	. . . . .	clos	je clos	. . . . .
conclure	concluant	conclu	je conclus	je conclus
confire	. . . . .	confit	je confis	je confis
coudre	cousant	cousu	je couds	je cousis
croire	croyant	cru	je crois	je crus
dire	disant	dit	je dis	je dis
maudire	maudissant	maudit	je maudis	je maudis
écrire	écrivant	écrit	j'écris	j'écrivis
exclure	excluant	exclus	j'exclus	j'exclus
faire	faisant	fait	je fais	je fis
prendre	prenant	pris	je prends	je pris
lire	lisant	lu	je lis	je lus
luire	luisant	lui	je luis	. . . . .
mettre	mettant	mis	je mets	je mis
moudre	moulant	moulu	je mouds	je moulus
naître	naissant	né	je nais	je naquis
nuire	nuisant	nui	je nuis	je nuisis
rire	riant	ri	je ris	je ris
rompre	rompant	rompu	je romps	je rompis
absoudre	absolvant	absous	j'absous	. . . . .
résoudre	résolvant	{ résous / résolu	je résous	je résolus
suffire	suffisant	suffi	je suffis	je suffis
suivre	suivant	suivi	je suis	je suivis
traire	trayant	trait	je trais	. . . . .
vaincre	vainquant	vaincu	je vaincs *	je vainquis
vivre	vivant	vécu	je vis	je vécus

Nous ne marquons pas les verbes *composés*, parce qu'ils suivent la conjugaison de leurs *simples* : par exemple, les composés *promettre*, *admettre*, etc. se conjuguent comme ce verbe simple *mettre*.

* Le présent et l'imparfait de ce verbe sont de peu d'usage.

Au moyen de cette table, et des règles que nous avons données sur la formation des temps, il n'y a point de verbe qu'on ne puisse conjuguer.

Accord des Verbes avec leur nominatif ou sujet.

On appelle *sujet* ou *nominatif* d'un verbe ce qui est ou ce qui fait la chose qu'exprime le verbe. On trouve le nominatif en mettant *qui est-ce qui ?* devant le verbe. La réponse à cette question indique le *nominatif*. Quand je dis, *l'enfant est sage ; qui est-ce qui est sage?* réponse, *l'enfant :* voilà le nominatif ou sujet du verbe *est. Le lièvre court ; qui est-ce qui court?* réponse, *le lièvre :* voilà le nominatif du verbe *court*.

RÈGLE.

Tout verbe doit être du même nombre et de la même personne que son nominatif ou sujet.

EXEMPLE. *Je parle : parle* est du nombre singulier et de la première personne, parce que *je*, son nominatif, est du singulier et de la première personne. *Vous parlez tous deux : parlez* est au nombre pluriel, et de la seconde personne, parce que *vous* est au nombre pluriel et de la seconde personne.

Première remarque. Quand un verbe a deux sujets singuliers, on met ce verbe au pluriel.

EXEMPLE. *Mon frère et ma sœur* lisent.

Deuxième remarque. Quand les deux sujets

sont de différentes personnes , on met le verbe à la plus noble personne : la première est plus noble que la seconde, la seconde est plus noble que la troisième.

EXEMPLES. *Vous et moi* nous lisons.

Vous et votre frère vous lisez.

(La politesse françoise veut qu'on nomme d'abord la personne à qui l'on parle , et qu'on se nomme le dernier.)

RÉGIME DES VERBES ACTIFS.

On appelle verbe *actif* celui après lequel on peut mettre, *quelqu'un , quelque chose*. *Aimer* est un verbe actif, parce qu'on peut dire, *aimer quelqu'un.* Par exemple, *j'aime Dieu ;* ce mot, qui suit le verbe actif, s'appelle le *régime* de ce verbe. On connoît le régime en faisant la question *qu'est-ce que ?* Exemple : *Qu'est-ce que j'aime ?* Réponse, *Dieu. Dieu* est le régime du verbe *j'aime.*

RÈGLE.

Le régime d'un verbe actif se place ordinairement après le verbe (quand ce n'est pas un pronom.)

EXEMPLES. *J'aime Dieu.*

Le chat mange la souris ; la souris est le régime du verbe *mange.*

Mais quand le régime est un pronom, il se met devant le verbe.

EXEMPLE. Je vous *aime,* pour *j'aime* vous; *il* m'*aime ,* pour *il aime* moi.

Remarque. Outre ce premier régime, qu'on appelle *direct*, certains verbes actifs peuvent avoir un second régime, qu'on appelle *indirect* : ce second régime se marque par les mots *à* ou *de :* comme *donner une image* à *l'enfant ; enseigner la grammaire* à *l'enfant ; écrire une lettre* à *son ami :* à *l'enfant*, est le régime indirect des verbes *donner*, *enseigner; à son ami*, est le régime indirect du verbe *écrire. Accuser quelqu'un* de *mensonge ; avertir quelqu'un* d'*une faute ; délivrer quelqu'un* du *danger :* de *mensonge*, est le régime indirect du verbe *accuser*, etc.

Tout verbe actif a un passif : ce passif se forme en prenant le régime *direct* de l'actif, pour en faire le nominatif du verbe passif, et en ajoutant après le verbe le mot *par* ou *de*. Ainsi, pour tourner par le passif cette phrase, *le chat mange la souris*, dites : *la souris est mangée* par *le chat ; j'aime mon père tendrement*, dites : *mon père est tendrement aimé* de *moi*.

CONJUGAISON DES VERBES PASSIFS.

Il n'y a qu'une seule conjugaison pour tous les verbes passifs ; elle se fait avec l'auxiliaire *être* dans tous ses temps, et le participe passé du verbe qu'on veut conjuguer.

INDICATIF.

PRÉSENT.

Je suis aimé, *ou* aimée.
Tu es aimé, *ou* aimée.
Il est aimé, *ou* elle est aimée.
Nous sommes aimés, *ou* aimées
Vous êtes aimés, *ou* aimées.
Ils sont aimés, *ou* elles sont aimées.

IMPARFAIT.

J'étois aimé, *ou* aimée.
Tu étois aimé, *ou* aimée.
Il étoit aimé, *ou* elle étoit aimée.
Nous étions aimés, *ou* aimées.
Vous étiez aimés, *ou* aimées.
Ils étoient aimés, *ou* elles étoient aimées.

PRÉTÉRIT DÉFINI.

Je fus aimé, *ou* aimée.
Tu fus aimé, *ou* aimée.
Il fut aimé, *ou* elle fut aimée.
Nous fûmes aimés, *ou* aimées.
Vous fûtes aimés, *ou* aimées.
Ils furent aimés, *ou* elles furent aimées.

PRÉTÉRIT INDÉFINI.

J'ai été aimé, *ou* aimée.
Tu as été aimé, *ou* aimée.
Il a été aimé, *ou* elle a été aimée.
Nous avons été aimés, *ou* aimees.
Vous avez été aimés *ou* aimées

Ils ont été aimés, *ou* elles ont été aimées.

PRÉTÉRIT ANTÉRIEUR.

J'eus été aimé, *ou* aimée.
Tu eus été aimé, *ou* aimée.
Il eut été aimé, *ou* elle eut été aimée.
Nous eûmes été aimés, *ou* aimées.
Vous eûtes été aimés, *ou* aimées.
Ils eurent été aimés, *ou* elles eurent été aimées.

PLUS-QUE-PARFAIT.

J'avois été aimé, *ou* aimée.
Tu avois été aimé, *ou* aimée.
Il avoit été aimé, *ou* elle avoit été aimée.
Nous avions été aimés, *ou* aimées.
Vous aviez été aimés, *ou* aimées.
Ils avoient été aimés, *ou* elles avoient été aimées.

FUTUR.

Je serai aimé, *ou* aimée.
Tu seras aimé, *ou* aimée.
Il sera aimé, *ou* elle sera aimée
Nous serons aimés, *ou* aimés
Vous serez aimés, *ou* aimées.
Ils seront aimés, *ou* elles seront aimées.

FUTUR PASSÉ.

J'aurai été aimé, *ou* aimée.
Tu auras été aimé, *ou* aimée.
Il aura été aimé, *ou* elle aura été aimée.
Nous aurions été aimés, *ou* aimées.
Vous aurez été aimés, *ou* aimées
Ils auront été aimés, *ou* elles auront été aimées.

CONDITIONNELS.

PRÉSENT.

Je serois aimé, *ou* aimée.
Tu serois aimé, *ou* aimée.
Il seroit aimé, *ou* elle seroit aimée.
Nous serions aimés, *ou* aimées.
Vous seriez aimés, *ou* aimées.
Ils seroient aimés, *ou* elles seroient aimées.

PASSÉ.

J'aurois été aimé, *ou* aimée.
Tu aurois été aimé, *ou* aimée.
Il auroit été aimé, *ou* elle auroit été aimée.
Nous aurions été aimés, *ou* aimées.
Vous auriez été aimés, *ou* aimées
Ils auroient été aimés, *ou* elles auroient été aimées.
On dit aussi: *j'eusse été aimé, ou aimée; tu eusses été aimé, ou aimée ; il eût été aimé, ou elle eût été aimée; nous eussions été aimés, ou aimées ; vous eussiez été aimés, ou aimées ; ils eussent été aimés, ou elles eussent été aimées.*

IMPÉRATIF.

Point de première personne.
Sois aimé, *ou* aimée.
Qu'il soit aimé, *ou* qu'elle soit aimée.
Soyons aimés, *ou* aimées.
Soyez aimés, *ou* aimées.
Qu'il soient aimés, *ou* qu'elles soient aimées.

SUBJONCTIF.

PRÉSENT OU FUTUR.

Que je sois aimé, *ou* aimée.
Que tu sois aimé, *ou* aimée.
Qu'il soit aimé, *ou* qu'elle soit aimée.
Que nous soyons aimés, *ou* aimées.
Que vous soyez aimés, *ou* aimées
Qu'ils soient aimés, *ou* qu'elles soient aimées.

IMPARFAIT.

Que je fusse aimé, *ou* aimée.
Que tu fusses aimé, *ou* aimée.
Qu'il fût aimé, *ou* qu'elle fût aimée.
Que nous fussions aimés, *ou* aimées.
Que vous fussiez aimés, *ou* aimées.
Qu'ils fussent aimés, *ou* qu'elles fussent aimées.

PRÉTÉRIT.

Que j'aie été aimé, *ou* aimée.
Que tu aies été aimé, *ou* aimée
Qu'il ait été aimé, *ou* qu'elle ait été aimée.
Que nous ayons été aimés, *ou* aimées.
Que vous ayez été aimés, *ou* aimées.
Qu'ils aient été aimés, *ou* qu'elles aient été aimées.

PLUS-QUE-PARFAIT.

Que j'eusse été aimé, *ou* aimée
Que tu eusses été aimé, *ou* aimée.
Qu'il eût été aimé, *ou* qu'elle eût été aimée.
Que nous eussions été aimés, *ou* aimées.
Que vous eussiez été aimés, *ou* aimées.
Qu'ils eussent été aimés, *ou* qu'elles eussent été aimées.

INFINITIF.	PARTICIPES.
	PRÉSENT.
PRÉSENT.	Etant aimé, *ou* aimée.
Etre aimé, *ou* aimée.	PASSÉ.
	Ayant été aimé, *ou* aimée.
PRÉTÉRIT.	FUTUR.
Avoir été aimé, *ou* aimée.	Devant être aimé, *ou* aimée.

Ainsi se conjuguent *être fini, être reçu, être rendu,* etc. etc. etc.

RÉGIME DES VERBES PASSIFS.

Règle. On met *de* ou *par* devant le nom ou pronom qui suit le verbe passif.

Ex. La souris est mangée par *le chat.*

Un enfant sage est aimé de *ses parens.*

Remarque. N'employez jamais *par* avec le nom *Dieu*, dites :

Les méchans seront punis de *Dieu*, et non pas *seront punis* par *Dieu.*

VERBES NEUTRES.

On appelle *neutres* les verbes après lesquels on ne peut pas mettre *quelqu'un*, ni *quelque chose* : *languir, dormir,* sont des verbes neutres, parce qu'on ne peut pas dire, *languir quelqu'un, dormir quelque chose*, etc. (On les appelle *neutres*, parce qu'ils ne sont ni *actifs* ni *passifs.*)

La plupart des verbes neutres se conjuguent, comme les verbes actifs, avec l'auxiliaire *avoir* : *je dors, j'ai dormi, j'avois dormi, j'aurois dormi*, etc.

Mais il y a des verbes neutres qui se conju-

guent dans leurs temps composés avec l'auxi
liaire *être*, comme *venir*, *arriver*, *tomber*, etc

CONJUGAISON DES VERBES NEUTRES.
INDICATIF.

PRÉSENT.

Je tombe.
Tu tombes.
Il , *ou* elle tombe.
Nous tombons.
Vous tombez.
Ils , *ou* elles tombent.

IMPARFAIT.

Je tombois.
Tu tombois.
Il , *ou* elle tomboit.
Nous tombions.
Vous tombiez.
Ils , *ou* elles tomboient.

PRÉTÉRIT DÉFINI.

Je tombai.
Tu tombas.
Il , *ou* elle tomba.
Nous tombâmes.
Vous tombâtes.
Ils , *ou* elles tombèrent.

PRÉTÉRIT INDÉFINI.

Je suis tombé, *ou* tombée.
Tu es tombé, *ou* tombée.
Il est tombé, *ou* elle est tombée
Nous sommes tombés, *ou* tom-
bées.
Vous êtes tombés, *ou* tombées
Ils sont tombés, *ou* elles sont
tombées.

PRÉTÉRIT ANTÉRIEUR.

Je fus tombé , *ou* tombée.
Tu fus tombé , *ou* tombée.
Il fut tombé, *ou* elle fut tombée
Nous fûmes tombés, *ou* tombées

Vous fûtes tombés, *ou* tombées.
Ils furent tombés, *ou* elles furent tombées.

PLUS-QUE-PARFAIT.

J'étois tombé , *ou* tombée.
Tu étois tombé , *ou* tombée.
Il étoit tombé , *ou* elle étoit
tombée.
Nous étions tombés , *ou* tom-
bées.
Vous étiez tombés, *ou* tombées.
Ils étoient tombés , *ou* elles
étoient tombées.

FUTUR.

Je tomberai.
Tu tomberas.
Il , *ou* elle tombera.
Nous tomberons.
Vous tomberez.
Ils , *ou* elles tomberont.

FUTUR PASSÉ.

Je serai tombé , *ou* tombée.
Tu seras tombé, *ou* tombée.
Il sera tombé, *ou* elle sera
tombée.
Nous serons tombés, *ou* tom-
bées.
Vous serez tombés, *ou* tombées
Ils seront tombés, *ou* elles se-
ront tombées.

CONDITIONNELS.
PRÉSENT.

Je tomberois.
Tu tomberois.
Il , *ou* elle tomberoit.
Nous tomberions.
Vous tomberiez
Ils , *ou* elles tomberoient.

PASSÉ.

Je serois tombé, *ou* tombée.
Tu serois tombé, *ou* tombée.
Il seroit tombé, *ou* elle seroit tombée.
Nous serions tombés, *ou* tombées.
Vous seriez tombés, *ou* tombées
Ils seroient tombés, *ou* elles seroient tombées.

On dit aussi : *je fusse tombé, ou tombée ; tu fusses tombé, ou tombée ; il fût tombé, ou elle fût tombée ; nous fussions tombés, ou tombées ; vous fussiez tombés, ou tombées ; ils fussent tombés, ou elles fussent tombées.*

IMPÉRATIF.

Point de première personne.

Tombe.
Qu'il, *ou* qu'elle tombe.
Tombons.
Tombez.
Qu'ils, *ou* qu'elles tombent.

SUBJONCTIF.

PRÉSENT ou FUTUR.

Que je tombe.
Que tu tombes.
Qu'il, *ou* qu'elle tombe.
Que nous tombions.
Que vous tombiez.
Qu'ils, *ou* qu'elles tombent.

IMPARFAIT.

Que je tombasse.
Que tu tombasses.
Qu'il, *ou* qu'elle tombât.
Que nous tombassions.
Que vous tombassiez.
Qu'ils, *ou* qu'elles tombassent.

PRÉTÉRIT.

Que je sois tombé, *ou* tombée
Que tu sois tombé, *ou* tombée
Qu'il soit tombé, *ou* qu'elle soit tombée.
Que nous soyons tombés, *ou* tombées.
Que vous soyez tombés, *ou* tombées.
Qu'ils soient tombés, *ou* qu'elles soient tombées.

PLUS-QUE-PARFAIT.

Que je fusse tombé, *ou* tombée
Que tu fusses tombé, *ou* tombée
Qu'il fût tombé, *ou* qu'elle fût tombée.
Que nous fussions tombés, *ou* tombées.
Que vous fussiez tombés, *ou* tombées.
Qu'ils fussent tombés, *ou* qu'elles fussent tombées.

INFINITIF.

PRÉSENT.

Tomber.

PRÉTÉRIT.

Être tombé, *ou* tombée.

PARTICIPES.

PRÉSENT.

Tombant.

PASSÉ.

Tombé, tombée, étant tombée.

FUTUR.

Devant tomber.

Conjuguez de même les verbes *aller, arriver, déchoir, décéder, entrer, sortir, mourir, partir, rester, descendre, monter, passer, venir ;* et ses composés, *devenir, survenir, revenir, parvenir,* etc. etc.

Il y a des verbes neutres qui ont un régime.

RÉGIME DES VERBES NEUTRES.

Règle. On met *à* ou *de* devant le nom du pronom qui suit le verbe neutre.

Exemples.

A	DE
Nuire à la *santé.*	*Médire* de *quelqu'un.*
Plaire au *Seigneur.*	*Profiter* des *leçons.*
Convenir à quelqu'un.	*Jouir* de la *liberté.*

VERBES RÉFLÉCHIS.

On appelle verbes *réfléchis* ceux dont le nominatif et le régime sont la même personne, *comme je me flatte, tu te loues, il se blesse,* etc.

Les verbes *réfléchis* se conjuguent comme le verbe *tomber,* c'est-à-dire, qu'ils prennent l'auxiliaire *être,* aux temps composés. Nous ne mettrons ici que les premières personnes.

CONJUGAISON DES VERBES RÉFLÉCHIS.

INDICATIF.

PRÉSENT.

Je me repens.
Tu te repens.
Il, *ou* elle se repent.
Nous nous repentons.
Vous vous repentez.
Ils, *ou* elles se repentent.

IMPARFAIT.

Je me repentois, etc.

PRÉTÉRIT DÉFINI.

Je me repentis, etc.

PRÉTÉRIT INDÉFINI.

Je me suis repenti, *ou* repentie.

PRÉTÉRIT ANTÉRIEUR.

Je me fus repenti, *ou* repentie.

PLUS-QUE-PARFAIT.

Je m'étois repenti, *ou* repentie

FUTUR.

Je me repentirai.

FUTUR PASSÉ.

Je me serai repenti, *ou* repentie.

CONDITIONNELS.

PRÉSENT.

Je me repentirois.

PASSÉ.

Je me seroisrepenti,ourepentie.

On dit aussi : *je me fusse repenti, ou repentie.*

IMPÉRATIF.

Point de première personne.

Repens-toi.

Qu'il, *ou* qu'elle se repente.

Repentons-nous.

Repentez-vous.

Qu'ils, *ou* qu'elles se repentent.

SUBJONCTIF.

PRÉSENT *ou* FUTUR.

Que je me repente.

IMPARFAIT.

Que je me repentisse.

PRÉTÉRIT.

Que je me sois repenti, *ou* repentie.

PLUS-QUE-PARFAIT.

Que je me fusse repenti, *ou* repentie.

INFINITIF.

PRÉSENT.

Se repentir.

PRÉTÉRIT.

S'être repenti, *ou* repentie.

PARTICIPES.

PRÉSENT.

Se repentant.

PASSÉ.

Repenti, s'étant repenti, *ou* repentie.

FUTUR.

Devant se repentir.

Remarque. Me, te, se, nous, vous, qui sont le régime des verbes réfléchis, sont quelquefois régime *direct,* comme dans *je me flatte,* c'est-à-dire, *je flatte* moi ; *tu te blesseras,* c'est-à-dire, *tu blesseras* toi : et quelquefois ils sont régime *indirect,* comme dans cet exemple : *je me fais une loi,* c'est-à-dire, *je fais* à moi *une loi ; il* s'est *fait honneur,* c'est-à-dire, *il a fait honneur* à soi, etc.

VERBES IMPERSONNELS.

On appelle verbe *impersonnel* celui qui ne s'emploie dans tous les temps, qu'à la troisième personne du singulier ; comme *il faut, il importe, il pleut*, etc. Il se conjugue à cette troisième personne comme les autres verbes.

CONJUGAISON DES VERBES IMPERSONNELS.

INDICATIF.

PRÉSENT.

Il faut.

IMPARFAIT.

Il falloit.

PRÉTÉRIT DÉFINI.

Il fallut.

PRÉTÉRIT INDÉFINI.

Il a fallu.

PRÉTÉRIT ANTÉRIEUR.

Il eût fallu.

PLUS-QUE-PARFAIT.

Il avoit fallu.

FUTUR.

Il faudra.

FUTUR PASSÉ.

Il aura fallu.

CONDITIONNELS.

PRÉSENT.

Il faudroit.

PASSÉ.

Il auroit fallu.

SUBJONCTIF.

PRÉSENT *ou* FUTUR.

Qu'il faille.

IMPARFAIT.

Qu'il fallût.

PRÉTÉRIT.

Qu'il ait fallu.

PLUS-QUE-PARFAIT.

Qu'il eût fallu.

INFINITIF.

PRÉSENT.

Falloir.

PARTICIPES.

PASSÉ.

Ayant fallu.

Remarque. Le mot *il* ne marque un verbe *impersonnel* que lorsqu'on ne peut pas mettre un nom à sa place ; car lorsqu'en parlant d'un enfant, on dit, *il joue*, ce n'est pas un impersonnel, parce qu'à la place du mot *il*, on peut mettre *l'enfant*, et dire, *l'enfant joue*.

CHAPITRE VI.

SIXIÈME ESPÈCE DE MOTS.
LE PARTICIPE.

LE *participe* est un mot qui tient du verbe et de l'adjectif, comme, *aimant, aimé*. Il tient du verbe, en ce qu'il en a la signification et le régime ; *aimant Dieu, aimé de Dieu* : il tient aussi de l'adjectif, en ce qu'il qualifie une personne ou une chose, c'est-à-dire, qu'il en marque la qualité, comme *vieillard honoré, vertu éprouvée*.

ACCORD DES PARTICIPES.

1°. Participe présent, *aimant, finissant, recevant, rendant*.

Règle. Le participe présent ne varie jamais, c'est-à-dire qu'il ne prend ni genre ni nombre.

Exemples.

Un homme lisant.	*Une femme* lisant.
Des hommes lisant.	*Des femmes* lisant.

Remarque. Ce qu'on appelle *gérondif* n'est autre chose que le participe présent (1), devant

---

(1) Il ne faut pas confondre avec le participe présent certains adjectifs verbaux (c'est-à-dire, qui viennent des verbes). On dit *un homme* obligeant, *une femme obligeante* ; ce ne sont pas des participes, parce qu'ils n'ont pas de régime. Mais quand je dis, *cette femme est d'un bon caractère*, obligeant *tout le monde quand elle peut*; obligeant est ici *participe*, puisqu'il a le régime *tout le monde*.

lequel on met le mot *en*, comme : *les jeunes gens se forment l'esprit* en *lisant de bons livres.*

2°. Participe passé, *aimé, fini, reçu, rendu.*

Le participe passé s'accorde ou avec son nominatif, ou avec son régime.

Accord du Participe passé avec le Nominatif.

Première règle. Le participe passé, quand il est accompagné du verbe auxiliaire *être*, s'accorde en genre et en nombre avec son nominatif ou sujet, c'est-à-dire, que l'on ajoute *e* si le sujet est féminin, et *s* si le sujet est pluriel.

Exemples.

Mon frère a été puni.	*Ma sœur a été* punie.
Mes frères ont été punis.	*Mes sœurs ont été* punies (1).
Mon frère est tombé.	*Ma sœur est* tombée.
Mes frères sont tombés.	*Mes sœurs sont* tombées.

Exception unique. Dans les temps composés des verbes *réfléchis*, le participe ne s'accorde pas avec son nominatif. On dit d'une femme, *elle s'est* mis *cela dans la tête* (et non pas *mise*); *quelques païens se sont* donné *la mort* (et non pas, se sont *donnés*).

Deuxième règle. Mais quand le participe passé est accompagné du verbe auxiliaire *avoir*, il ne s'accorde jamais avec son nominatif.

___

(1) Le participe *été* n'a ni féminin, ni pluriel; on dit : *elle a été, ils ont été.*

Exemples.

Mon père a écrit *une lettre*. Ma mère a écrit *une lettre*. Mes *frères* ont écrit *une lettre*. Mes *sœurs* ont écrit *une lettre*.

(Le participe *écrit* ne change point, quoique le nominatif soit masculin ou féminin , singulier ou pluriel.)

Accord du Participe passé avec le Régime.

Première règle. Le participe passé s'accorde toujours avec son régime *direct* , quand ce régime est devant le participe.

Exemples.

La lettre que vous avez écrite *, je l'ai* lue.
Les livres que j'avois prêtés *, on les a* rendus.
Quelle affaire avez-vous entreprise ?
Combien d'ennemis n'a-t-il pas vaincus !
Quand la race de Caïn se fut multipliée. . . . .

On voit que le régime mis devant le participe est ordinairement pronom : *que , me , te , se , le , la , les , nous , vous , quels* (1).

Deuxième règle. Mais quand le régime n'est placé qu'après le participe, ce participe ne s'accorde pas avec son régime.

---

(1) Autrefois on mettoit deux exceptions: 1°. quand le nominatif est après le participe, comme : *la leçon que vous ont donné vos maîtres* ; 2°. quand le participe est suivi d'un adjectif qui fait partie du régime , comme : *Adam et Ève que Dieu avoit* créé *innocens.* Mais c'est à tort : il faut dans le premier exemple , *donnée* ; et dans le second, il faut *créés.* (Essais de Grammaire par l'abbé d'Olivet).

3.

Exemples.

J'ai écrit une lettre.   *J'ai écrit des lettres.*
Vous avez acheté un livre. Vous avez acheté des livres.

(*Écrit, acheté*, ne changent pas, quoique le régime soit singulier ou pluriel, masculin ou féminin, parce que ce régime est après le participe.)

Remarque. On dit sans faire accorder : *les vertus que j'ai* entendu *louer, les vices que j'ai* résolu *d'éviter : que* n'est pas ici le régime des participes *entendu, résolu,* mais des infinitifs suivans, *louer, éviter.* Pour connoître si le régime dépend du participe, il faut voir si l'on peut mettre ce régime immédiatement après le participe. On ne peut pas dire ici, *j'ai entendu les vertus, j'ai résolu les vices.*

CHAPITRE VII.

SEPTIÈME ESPÈCE DE MOTS.

LA PRÉPOSITION.

LA *préposition* est un mot qui sert à joindre le nom ou pronom suivant au mot qui la précède : par exemple, quand je dis, *le fruit* de *l'arbre, de* marque le rapport qu'il y a entre *fruit* et *arbre* : quand je dis, *utile à l'homme, à* fait rapporter le nom *homme* à l'adjectif *utile* : quand je dis, *j'ai reçu* de *mon père, de* sert à joindre le nom *père* au verbe *reçu,* etc. ; *de, à,* sont des prépositions; le mot qui suit s'appelle le *régime* de la *préposition*.

Cette espèce de mots s'appelle *préposition*, parce qu'elle se met ordinairement devant le nom qu'elle régit.

PRÉPOSITIONS FRANÇOISES.
Pour marquer la place, ou *le lieu.*

A. Attacher *à* la muraille : vivre *à* Paris : aller *à* Rome.

Dans. Être *dans* la maison : serrer *dans* une cassette.

En. Être *en* Italie : voyager *en* Allemagne.

De. Sortir *de* la ville : venir *de* la province.

Chez. Être *chez* un ami : ce livre est *chez* le libraire.

Devant. Le berger marche *devant* le troupeau : allez *devant* moi.

Après. J'irai *après* vous : courir *après* quelqu'un.

Derrière. Les laquais vont *derrière* leur maître : se cacher *derrière* un mur.

Parmi. Cet officier fut trouvé *parmi* les morts.

Sur. Avoir son chapeau *sur* la tête : mettre un flambeau *sur* la table.

Sous. Mettre un tapis *sous* les pieds : tout ce qui est *sous* le ciel.

Vers. Les yeux levés *vers* le ciel : l'aimant se tourne *vers* le nord.

Pour marquer l'ordre.

Avant. La nouvelle est arrivée *avant* le courrier.

Entre. Tenir un enfant *entre* ses bras : *entre* le printemps et l'automne.

Dès. Cette rivière est navigable *dès* sa source : *dès* sa plus tendre enfance.

Depuis. *Depuis* Paris jusqu'à Orléans ; *depuis* la création jusqu'au déluge.

Pour marquer l'union.

Avec. Manger *avec* ses amis : il est parti *avec* la fièvre.

Pendant. *Pendant* la guerre.

Durant. *Durant* la guerre.

Outre. Compagnie de cent hommes, *outre* les officiers.

Selon. Se conduire *selon* la raison.

Suivant. *Suivant* la loi.

Pour marquer séparation.

Sans. Les soldats *sans* leurs officiers.

Hors. Tout est perdu, *hors* l'honneur.

Excepté. Tout est perdu, *excepté* l'honneur.

Pour marquer opposition.

Contre. Les gens de bien révoltés *contre* les méchans. Plaider *contre* quelqu'un.

Malgré. Il est parti *malgré* moi.

Nonobstant. Il a fait cela, *nonobstant* mes représentations.

Pour marquer le but.

Envers. Charitable *envers* les pauvres : son respect *envers* ses supérieurs.

Touchant. Il m'a écrit *touchant* cette affaire.

Pour. Travailler *pour* le bien public : étudier *pour* son instruction.

Pour marquer la cause, le moyen.

Par. Fléchir *par* ses prières : tout a été créé *par* la parole de Dieu.

Moyennant. J'espère *moyennant* la grâce de Dieu.

Attendu. Le courrier n'a pu partir, *attendu* le mauvais temps.

CHAPITRE VIII.

HUITIÈME ESPÈCE DE MOTS.

L'ADVERBE.

L'*adverbe* est un mot qui se joint ordinairement au verbe ou à l'adjectif, pour en déterminer la signification. Quand on dit, *cet enfant parle distinctement*, par ce mot *distinctement*, l'on fait entendre qu'il parle d'une manière claire.

1°. Il y a des adverbes qui marquent la *manière :* ils sont presque tous terminés en *ment*, et ils se forment des adjectifs, comme *sagement* de *sage*, *poliment* de *poli*, *agréablement* d'*agréable*, *modestement* de *modeste*.

2°. Il y a des adverbes qui marquent l'*ordre*, comme *premièrement, secondement, d'abord, ensuite, auparavant.* Exemple : d'abord *il faut éviter le mal*, ensuite *il faut faire le bien.*

3°. Il y a des adverbes qui marquent le lieu, comme *où, ici, là, deçà, au-delà, dessus, par-tout, auprès, loin, dedans, dehors, ailleurs.* Exemples : où *êtes-vous ? Je suis* ici·, *je vais* là.

4°. Il y a des adverbes de temps, comme *hier, autrefois, bientôt, souvent, toujours, jamais,* etc. Exemple : *cet enfant joue* toujours, *et ne s'applique* jamais.

5°. Il y a des adverbes de *quantité,* comme *beaucoup, peu, assez, trop, tant,* etc. Exemple : *il parle* beaucoup et *réfléchit* peu.

6°. Enfin il y a des adverbes de *comparaison,* comme *plus, moins, aussi, autant,* etc. Exemple : plus *sage,* aussi *sage,* moins *sage que vous.*

Remarque. Certains adjectifs sont quelquefois employés comme adverbes : on dit, chanter *juste,* parler *bas,* voir *clair,* rester *court,* frapper *fort,* sentir *bon,* etc.

CHAPITRE IX.

NEUVIÈME ESPÈCE DE MOTS..

LA CONJONCTION.

Remarque. L'on a vu jusqu'à présent comment les mots se joignent ensemble pour former un sens : les mots ainsi réunis font une *phrase* ou *proposition.* La plus petite proposition doit avoir au moins deux mots, le nominatif et le verbe, comme *je chante, vous lisez, l'homme meurt :* souvent le verbe a un régime, comme, *je chante un air, vous lisez une lettre*, etc.

La *conjonction* est un mot qui sert à joindre une phrase à une autre phrase. Par exemple, quand on dit : *il pleure* et *il rit en même temps*, ce mot *et* lie la première phrase, *il pleure*, avec la seconde, *il rit*.

Différentes sortes de conjonctions.

1°. Pour marquer la liaison : *et, ni, aussi, que.*

2°. Pour marquer opposition : *mais, cependant, néanmoins, pourtant.*

3°. Pour marquer division : *ou, ou bien, soit.*

4°. Pour marquer exception : *sinon, quoique.*

5°. Pour comparer : *comme, de même que, ainsi que.*

6°. Pour ajouter : *de plus, d'ailleurs, outre que, encore.*

7°. Pour rendre raison : *car, parce que, puisque, vu que.*

8°. Pour marquer l'intention : *afin que, de peur que.*

9°. Pour conclure : *or, donc, ainsi, de sorte que.*

10. Pour marquer le temps : *quand, lorsque, comme, dès que, tandis que.*

11°. Pour marquer le doute : *si, supposé que, pourvu que, en cas que.*

Il y a plusieurs autres conjonctions; l'usage les fera connoître ; la plus ordinaire est *que ;*

on distingue la conjonction *que* du *que* relatif, en ce qu'elle ne peut pas se tourner par *lequel, laquelle.*

Régime des Conjonctions.

Parmi les conjonctions, les unes veulent le verbe suivant au subjonctif, les autres à l'indicatif.

Voici celles qui régissent le subjonctif : *soit que, sans que, si ce n'est que, quoique, jusqu'à ce que, encore que, à moins que, pourvu que, supposé que, au cas que, avant que, non pas que, afin que, de peur que, de crainte que,* et en général quand on marque quelque doute, ou quelque souhait, comme *je souhaite, je doute* que *cet enfant soit jamais savant.*

CHAPITRE X.

Dixième espèce de mots.

L'Interjection.

L'*interjection* est un mot dont on se sert pour exprimer un sentiment de l'âme, comme la joie, la douleur, etc.

La joie : *Ah! Bon!*
La douleur : *Aie! Ah! Hélas! Ouf!*
La crainte : *Ha! Hé!*
L'aversion : *Fi. Fi donc.*
L'admiration : *Oh!*
Pour encourager : *Çà. Allons. Courage.*

Pour appeler : *Holà! Hé!*
Pour faire taire : *Chut. Paix.*

REMARQUES PARTICULIÈRES
SUR CHAQUE ESPÈCE DE MOTS.
DES LETTRES.

H est aspirée dans *héros ;* on dit *le héros :* mais elle n'est point aspirée dans *héroïsme ;* on dit : *l'héroïsme de la vertu.*

L au milieu et à la fin des mots, quand elle est précédée d'un *i*, est ordinairement *mouillée*, et se prononce comme à la fin de ces mots, *soleil, orgueil, famille, bouillir.*

On écrit *œil* que l'on prononce comme *euil.*

S entre deux voyelles se prononce comme z. Exemple : *maison, poison*, excepté les mots *préséance, présupposer*, où l'on conserve la prononciation de l's.

D à la fin du mot *grand* se prononce comme *t* devant une voyelle ou une *h* muette : *grand homme*, on prononce comme s'il y avoit *grant homme.*

gn au milieu d'un mot se prononce comme dans *ignorance, magnanime.*

t ne se prononce pas à la fin de ces mots *respect, aspect*, même quand le mot suivant commence par une voyelle ou une *h* muette : ainsi prononcez *respect humain* comme s'il y avait *respec humain.*

Des Noms composés.

Quand un nom est composé d'un adjectif et d'un nom , ils prennent tous deux la marque du pluriel. Exemple : un *arc-bou-tant* , des *arcs-boutans*.

· Quand il est composé de deux noms unis par une préposition , on ne met la marque du pluriel qu'au premier des deux. noms. Exemple : un *chef-d'œuvre* , des *chefs-d'œu-vre* ; un *arc-en-ciel* , des *arcs-en-ciel*.

Quand il est composé d'une préposition ou d'un verbe et d'un nom , le nom seul prend la marque du pluriel. Exemples : un *entre-sol* , des *entre-sols* ; un *garde-fou* , des *garde-fous*.

Noms de nombre.

Cent au pluriel , et *vingt* dans quatre-vingt , six-*vingt*, prennent une *s* quand ils sont suivis d'un nom. Exemples : deux cents *hommes* , quatre-vingts *volumes*, six-vingts *arbres*.

Pour la date des années on écrit mil. Exemple : *l'hiver fut très-rigoureux en* mil *septcent neuf* : partout ailleurs on écrit *mille* qui ne prend jamais *s* ; *deux* mille *hommes*.

Neuf se prononce devant une voyelle comme *neuv*. Exemple : *il y a neuf ans* ; prononcez *neuv ans*.

On dit : une *demi-heure* , une *demi-livre* ; ce mot *demi* ne change pas quand il est devant le nom ; mais dites : une heure et *demie*, une livre et *demie* : quand le mot *demi* est après le nom, il en prend le genre.

NOMS PARTITIFS.

On appelle *noms partitifs*, ceux qui marquent la partie d'un plus grand nombre, comme *la plupart de*, *une infinité de*, *beaucoup de*, *peu de*, etc.

Les noms partitifs suivis d'un nom pluriel, veulent le verbe et l'adjectif au pluriel.

Exemples. La plupart des enfans sont légers.

Peu d'enfans sont attentifs.

Remarque. Dans le sens partitif on met *de*, et non pas *des*, devant un adjectif. Exemples : *j'ai lu* de *bons livres*, et non pas *des* bons livres ; *j'ai vu* de *belles maisons*, et non pas *des* belles maisons.

PRONOMS.

1º. *Vous* employé pour *tu* veut le verbe au pluriel ; mais l'adjectif suivant reste au singulier.

Exemple. Mon fils, vous serez estimé, *si vous* êtes sage.

2º. *Le*, *la*, *les*, sont quelquefois pronoms, et quelquefois ils sont articles : l'article est toujours suivi d'un nom ; *le* frère, *la* sœur, *les* hommes : au lieu que le pronom est toujours joint à un verbe, comme *je* le *connois*, *je* la *respecte*, *je* les *estime*

Le pronom *le* ne prend ni genre, ni nombre, quand il tient la place d'un adjectif ou d'un verbe. Par exemple, si l'on disoit à une femme, *Madame, êtes-vous malade ?* Il faudroit qu'elle répondît : *Oui, je le suis*, et non pas *je la suis*, parce que *le* se rapporte à l'adjectif *malade*. *On doit s'accommoder à l'humeur des autres autant qu'on le peut :* je mets *le*, parce qu'il se rapporte au verbe *accommoder*.

3°. N'employez le pronom *soi* qu'après un nominatif vague et indéterminé, comme *on, chacun, ce*, etc.

Exemples. On ne doit jamais parler de soi.

Chacun *songe à soi.*

N'aimer que soi, c'est être mauvais citoyen.

4°. Il ne faut pas se servir du pronom *son, sa, ses, leur, leurs*, mis pour un nom de chose, à moins que ce nom ne soit exprimé dans la même phrase. Ainsi ne dites pas : *Paris est beau, j'admire ses bâtimens ;* mais dites : *j'en admire les bâtimens.*

On emploie bien *son, sa, ses*, etc. pour un nom de chose quand il est exprimé dans la même phrase. Ainsi on dit bien : *la Seine a sa source en Bourgogne* (1).

5°. Il faut dire : *c'est en Dieu que nous de-*

_____

(1) Cependant, quoique le nom de *chose* ne soit pas dans la même phrase, on se sert bien de *son, sa, ses*, quand il est régi par une préposition, comme : *Paris est beau ; j'admire la grandeur de ses bâtimens.*

vons mettre notre espérance, et non pas *en qui* ; c'est à *vous-même que je veux parler*, non pas *à qui* je veux (dans ces deux phrases *que* n'est pas relatif, mais conjonctif).

6°. *Qui* relatif est toujours de la même personne que son *antécédent*. Ainsi il faut dire : *moi* qui *ai vu* ; *vous* qui *avez vu* ; *nous* qui *avons vu*, etc.

7°. *Qui*, précédé d'une préposition, ne se dit jamais des choses, mais seulement des personnes. Ainsi ne dites pas : *les sciences à* qui *je m'applique*, mais *auxquelles* je m'applique.

8°. *Ce* devant le verbe *être* veut ce verbe au singulier, excepté quand il est suivi de la troisième personne du pluriel. On dit : c'est *moi*, c'est *toi*, c'est *lui*, c'est *nous*, c'est *vous qui* ; mais il faut dire : ce sont *eux*, ce sont *elles*, ce sont *vos ancêtres qui ont bâti cette maison*.

9°. *Tout* mis pour *quoique*, *entièrement*, ne change point de nombre devant un adjectif masculin. Ainsi dites : *les enfans*, tout *aimables qu'ils sont*, *ne laissent pas d'avoir bien des défauts*.

Tout ne change ni de genre ni de nombre devant un adjectif féminin pluriel qui commence par une voyelle ou une *h* muette. Ainsi dites : *ces images*, tout *amusantes qu'elles sont*, *ne me plaisent pas*.

Mais si l'adjectif féminin est au *singulier*, ou si, étant au pluriel, il commence par une consonne, alors on met *toute*, *toutes*. Exemple:

cette image, toute *amusante qu'elle est*, *ne me plaît pas* : *ces images*, toutes *belles qu'elles sont, ne me plaisent pas* (1).

10°. *Quelque*.... *que* s'emploie de cette manière : s'il y a un adjectif entre *quelque* et *que*, alors *quelque* ne prend jamais *s* à la fin.

Exemple. *Les rois*, quelque *puissans qu'ils soient, ne doivent pas oublier qu'ils sont hommes.*

S'il y a un nom entre *quelque* et *que*, alors on met *quelque* au même nombre que le nom.

Ex. Quelques *richesses* que *vous ayez, vous ne devez pas vous enorgueillir.*

Si le nom n'est placé qu'après le *que* et le verbe, alors il faut écrire en deux mots séparés *quel*, ou *quelle* que, *quels* ou *quelles* que.

Exemple. Quelle *que soit votre force*, quelles *que soient vos richesses, vous ne devez pas vous enorgueillir; votre puissance*, quelle *qu'elle soit, ne vous donne pas le droit de mépriser les autres.*

11°. *Celui-ci*, *celui-là*, s'emploient de cette manière : *celui-ci* pour la personne dont on a parlé en dernier lieu ; *celui-là* pour la personne dont on a parlé en premier lieu.

_____

(1) Quand *tout* signifie *entièrement*, il suit la même règle : *ils sont* tout *interdits* : *elles sont* tout *interdites*, etc. (c'est-à-dire, *entièrement* interdits).

Exemple. Les deux philosophes Héra-clite et Démocrite étoient d'un caractère bien différent : celui-ci *rioit toujours ;* ce-lui-là *pleuroit sans cesse.*

Ceci désigne une chose plus proche, *cela* désigne une chose plus éloignée. Exemple : *Je n'aime pas* ceci ; *donnez-moi* cela.

12°. Le mot *personne* employé comme *pronom*, est du masculin ; on dit : *Je ne connois* personne *plus heureux que lui.* Mais *personne* employé comme *nom* est du féminin : cette personne est très-*heureuse.*

On ne dit plus, *un chacun, un quelqu'un.*

REMARQUES SUR LES VERBES.

I. Le nominatif, soit nom, soit pronom, se place après le verbe : 1°. quand on interroge. Exemples : *Que penseront de vous* les honnêtes gens, *si vous n'êtes pas sage ? Irai*-je ? *Viendras*-tu ? *Est*-il *arrivé ?*

Quand le verbe qui précède *il, elle, on,* finit par une voyelle, on ajoute un *t* devant *il, elle, on.* Exemple : *Appelle-t-il ? Vien-dra-t-elle ? Aime-t-on les paresseux ?*

L'usage ne permet pas toujours cette ma-nière d'interroger à la première personne, parce que la prononciation en seroit rude et désagréable. Ne dites pas : *Cours-je ? Mens-je ? Dors-je ? Sors-je ?* etc. Il faut prendre un autre tour, et dire : *Est-ce que je cours ? Est-ce que je mens ? Est-ce que je dors ?*

2°. Le nominatif se met encore après le verbe, quand on rapporte les paroles de

quelqu'un. Exemple : *Je me croirai heu-*
reux, disoit un bon roi, *quand je ferai le*
bonheur de mes sujets.

3º. Après *tel, ainsi.* Exemple : *Tel étoit*
son avis. *Ainsi mourut* cet homme.

4º. Après les verbes impersonnels. Exemple : *Il est arrivé* un grand malheur.

II. On ne doit se servir du prétérit *défini*
qu'en parlant d'un temps absolument écou-
lé, et dont il ne reste plus rien. Ainsi ne
dites pas, j'étudiai *aujourd'hui, cette se-*
maine, cette année parce que le jour, la
semaine, l'année, ne sont pas encore passés :
ne dites pas non plus : j'étudiai *ce matin :* il
faut, pour le prétérit *défini*, qu'il y ait l'in-
tervalle d'un jour : mais on dit bien, j'étudiai
hier, la semaine dernière, l'an passé, etc.

Le prétérit *indéfini* s'emploie indifférem-
ment pour un temps passé., soit qu'il en
reste encore une partie à écouler, ou non.
On dit bien : j'ai étudié *ce matin,* j'ai étudié *hier,* j'ai étudié *cette semaine,* j'ai étudié *la semaine passée,* etc.

III. A quel temps du subjonctif il faut
mettre le verbe qui suit la conjonction *que,*
quand elle régit ce mode.

Première règle. Quand le premier verbe
est au présent ou au futur, mettez au présent du subjonctif le second verbe qui est
après *que.*

Exemples.

Il faut . . . .
Il faudra . . . . } *que vous* soyez *plus attentif.*

Deuxième règle. Quand le premier verbe est à l'un des prétérits, mettez le second verbe à l'imparfait du subjonctif.

Exemples.

Il falloit . . .
Il fallut . . .
Il a fallu . . } *que vous* fussiez *plus attentif.*
Il eût fallu . .
Il auroit fallu .

Remarques sur les Prepositions.

1°. Ne confondez pas *autour* et *à l'entour; autour* est une préposition, et elle est toujours suivie d'un régime : *autour d'un trône; à l'entour* n'est qu'un adverbe, et il n'a point de régime ; *il étoit sur son trône, et ses fils étoient* à l'entour.

2°. Ne confondez pas *avant* et *auparavant; avant* est une préposition, et elle est suivie d'un régime ; *avant l'âge, avant le temps : auparavant* n'est qu'un adverbe, et il n'a point de régime; *ne partez pas si-tôt, venez me voir auparavant.*

3°. *Au travers* est suivi de la préposition *de : au travers* des ennemis ; *à travers* n'en est pas suivi; on dit : *à travers les ennemis.*

REMARQUES SUR LES ADVERBES.

1°. *Plus* et *davantage* ne s'emploient pas toujours l'un pour l'autre; *davantage* ne peut être suivi de la préposition *de*, ni de la conjonction *que.* On ne dit pas, *il a davantage*

4

de *brillant que* de *solide*; mais *plus* de *bril-lant*. On ne dit pas, *il se fie* davantage *à ses lumières* qu'*à celles des autres*; mais *il se fie* plus *à ses lumières*.

Davantage ne peut s'employer que comme adverbe. Exemple : *La science est estimable, mais la vertu l'est bien* davantage.

2°. Ne confondez pas l'adverbe *près de*, qui signifie *sur le point de*, avec l'adjectif *prêt à*, qui signifie *disposé à*. On ne dit point, *il est* prêt à *tomber*; mais, *il est* près de *tomber*.

Ne confondez pas *à la campagne* et *en campagne* : ce dernier ne se dit que du mouvement des troupes, *l'armée est* en *campagne*; mais il faut dire : *j'ai passé l'été* à *la campagne*.

REMARQUES SUR LE RÉGIME.

Règle. Un nom peut être régi par deux adjectifs ou par deux verbes à la fois, pourvu que ces adjectifs et ces verbes ne veuillent pas un régime différent.

Exemples. Cet homme est utile et cher à sa famille.

Cet officier attaqua et prit la ville.

Mais on ne peut pas dire, *cet homme est utile et chéri de sa famille*, parce que l'adjectif *utile* ne peut régir *de sa famille*. On ne peut pas dire : *cet officier attaqua et se rendit maître de la ville*, parce que le verbe *attaquer* ne peut régir *de la ville*.

CHAPITRE XI.

De l'Orthographe.

L'orthographe est la manière d'écrire correctement tous les mots d'une langue.

Orthographe des Noms.

1°. La première lettre des noms propres, des noms de dignité, doit être une lettre capitale : *Pierre, Paris, Roi, Prince.*

2°. Tous les noms qui ne finissent point par *s* au singulier, en prennent une au pluriel. Exemples : *un jardin charmant; des jardins charmans.*

3°. Quoiqu'on écrive *honneur* avec deux *nn*, il n'y en a qu'une dans *honorer*.

4°. On écrit avec *mp compte, compter,* pour signifier *supputer*; avec *m* seulement *comte, comté,* titre, dignité; avec une *n conte, conter,* pour signifier *raconter*.

5°. On écrit avec *mp champ,* pour signifier *terre*; et avec *nt chant,* pour signifier l'action de *chanter.*

6°. On écrit ainsi *faim*, besoin de manger; et *fin*, le terme où finit une chose : *la mort est la fin de la vie.*

MOTS en ace et en asse.

On écrit ainsi par *ce, glace, besace, grimace, espace, place, race, grace,* etc.

Et par *sse, terrasse, basse, grasse :* tous les imparfaits du subjonctif de la première conjugaison : *j'aimasse, j'appelasse,* etc.

MOTS en ance et en ence.

On écrit par *a* les mots suivans: *abondance, constance, vigilance, distance,* etc.

Et par *e prudence, conscience, absence, clémence, eloquence,* etc. (On suit à cet egard l'orthographe latine : *abundantia, prudentia.*)

MOTS *en* èce *et en* esse.

On écrit ainsi par *ce*, *nièce*, *pièce*, et par *sse*, *adresse*, *blesse*, *paresse*, etc.

MOTS *en* ice *et en* isse.

On écrit ainsi par *ce*, *calice*, *office*, *artifice*, *précipice*, etc.

Et par *sse*, *écrevisse*, *réglisse*, *jaunisse*; tous les imparfaits du subjonctif de la deuxième et de la quatrième conjugaison : *je finisse*, *je rendisse*.

MOTS *en* sion, tion, xion, ction.

On écrit par une *s*, *appréhension*, *dimension*, *pension*, *convulsion*, *ascension*, etc. Et par *t*, *attention*, *condition*, *agitation*, *discrétion*, etc. Prononcez, *attension*, *condicion*, etc.

Remarque : t conserve sa prononciation dans les noms où il est précédé d'une *s* ou d'un *x*; *question*, *indigestion*, *mixtion*.

On écrit par *x fluxion*, *réflexion*, *complexion*, *génuflexion*, etc.; et par *ct action*, *distinction*, *séduction*, *prédilection*, etc.

(*Ces observations ne peuvent être réduites en règles générales; la lecture, le dictionnaire et l'usage doivent seuls en tenir lieu.*)

ORTHOGRAPHE DES VERBES.

PRÉSENT DE L'INDICATIF.

Singulier. 1°. *Si la première personne finit par e*, *j'aime*, *j'ouvre*, etc., on ajoute *s* à la seconde : la troisième est semblable à la première. Exemple: *j'aime*, *tu aimes*, *il aime*.

2°. Si la première personne finit par *s*, ou *x*, la seconde est semblable à la première; la troisième finit ordinairement en *t : je finis*, *tu finis*, *il finit*. (Dans quelques verbes, la troisième personne se termine en *d*; *il rend*, *il vend*, *il prétend*.)

Pluriel. Le pluriel, dans toutes les conjugaisons, se termine toujours par *ons*, *ez*, *ent : nous aimons*, *vous aimez*, *ils aiment; nous finissons*, *vous finissez*, *ils finissent*.

IMPARFAIT DE L'INDICATIF.

Il se termine toujours de cette manière : *ois, ois, oit, ions, iez, oient.*

J'*aim*ois, *tu aim*ois, *il aim*oit, *nous aim*ions, *vous aim*iez, *ils aim*oient.

PRÉTÉRIT DE L'INDICATIF.

Le prétérit *défini* a quatre terminaisons: *ai, is, us, ins*, de cette manière :

J'*aim*ai, *tu aim*as, *il aim*a, *nous aim*âmes, *vous aim*âtes, *ils aim*èrent.

Je *fin*is, *tu fin*is, *il fin*it, *nous fin*îmes, *vous fin*îtes, *ils fi*nirent.

Je *reç*us, *tu reç*us, *il reç*ut, *nous reç*ûmes, *vous reç*ûtes, *ils reç*urent.

Je *dev*ins, *tu dev*ins, *il dev*int, *nous dev*înmes, *vous dev*întes, *ils dev*inrent.

FUTUR DE L'INDICATIF.

Il se termine toujours ainsi: *rai, ras, ra, rons, rez, ront.*

J'*aime*rai, *tu aime*ras, *il aime*ra, *nous aime*rons, *vous aime*rez, *ils aime*ront.

Je *rece*vrai, *tu rece*vras, *il rece*vra, *nous rece*vrons, *vous rece*vrez, *ils rece*vront (1).

CONDITIONNEL PRÉSENT.

Il se termine toujours ainsi : *rois, rois, roit, rions, riez, roient.*

J'*aime*rois, *tu aime*rois, *il aime*roit, *nous aime*rions, *vous aime*riez, *ils aime*roient.

Je *rece*vrois, *tu rece*vrois, *il rece*vroit, *nous rece*vrions, *vous rece*vriez, *ils rece*vroient.

PRÉSENT DU SUBJONCTIF.

Il se termine toujours ainsi : *e, es, e, ions, iez, ent.*

---

(1) N'écrivez pas *je recev Erai, je rend Erai*; ôn ne met E devant *rai* qu'à la première conjugaison.

4.

Que j'aime, que tu aimes, qu'il aime, que nous aimions, que vous aimiez, qu'ils aiment.

IMPARFAIT DU SUBJONCTIF.

Il a quatre terminaisons : *asse, isse, usse, insse;* de cette manière :

J'aimasse, tu aimasses, il aimât, nous aimassions, vous aimassiez, ils aimassent.

Je finisse, tu finisses, il finît; nous finissions, vous finissiez, ils finissent.

Je reçusse, tu reçusses, il reçût, nous reçussions, vous reçussiez, ils reçussent.

Je devinsse, tu devinsses, il devînt; nous devinssions, vous devinssiez, ils devinssent.

Observez que les secondes personnes plurielles des verbes ont ordinairement un *z* à la fin.

REMARQUES

Sur l'orthographe des Pronoms, Adverbes, et autres mots.

Leur ne prend jamais *s* à la fin, quand il est joint à un verbe; alors il signifie *à eux, à elles : ces enfans ont été sages,* je leur *donnerai un prix.*

Leur, suivi d'un nom pluriel, prend l'*s :* alors il signifie *d'eux, d'elles : un père aime ses enfans; mais il n'aime pas* leurs *défauts.*

On ne met point d'accent sur *o* dans *notre, votre,* quand ils sont devant un nom : *votre père, notre maison :* mais on met un accent circonflexe sur *ô* dans *le nôtre, le vôtre, la nôtre, la vôtre.* Exemple : Mon *livre est plus beau que le* vôtre.

On met un accent grave sur *là,* adverbe de lieu ; *allez là :* on n'en met point sur *la,* article : la *mère;* ni sur le pronom féminin *la; je* la *connois.*

On met un accent grave sur *où* adverbe de lieu : *où allez-vous ?*

On n'en met point sur *ou* conjonction : *c'est vous* ou *moi.*

On met un accent grave sur *à*, préposition : je vais à *Paris*.

On n'en met point sur *a* troisième personne du verbe *avoir* : *il a de l'esprit*.

On met un accent circonflexe sur *dû*, participe du verbe *devoir*; *rendez à chacun ce qui lui est dû* : on n'en met point sur *du* article ; *la lumière* du *soleil*.

DE L'APOSTROPHE.

L'apostrophe (') marque le retranchement d'une de ces trois lettres, *a*, *e*, *i*.

a, *e*, suivis d'une voyelle ou d'une *h* muette, se retranchent dans *le, la, je, me, te, se, de, ne, que, ce*.

Le, on dit : *l'ami*, *l'enfant*, *l'instinct*, *l'oiseau*, *l'univers*, *l'honneur*, pour *le enfant*, etc.

La, on dit : *l'abeille*, *l'épée*, *l'intention*, *l'oisiveté*, pour *la abeille*, *la épée*, etc.

Je, on dit : *j'apprends*, *j'étudie*, *j'honore*, *j'oublie*, etc., pour *je apprends*, etc.

Me, on dit : *vous m'aimez*, *vous m'estimez*, *vous m'instruisez*, pour *me aimez*, etc.

Te, on dit : *je t'avertis*, *je t'ennuie*, *je t'invite*, etc., pour *te avertis*, etc.

Se, on dit : *il s'amuse*, *il s'ennuie*, *il s'instruit*, *il s'occupe*, pour *se amuse*, etc.

De, on dit : *beaucoup d'apparence*, *d'ignorance*, *d'orgueil*, pour *de apparence*, etc.

Ne, on dit : *je n'aime pas*, *je n'estime pas*, *il n'obéit pas*, pour *ne aime*, etc.

Que, on dit : *qu'avez-vous fait? qu'importe?* pour que *avez-vous fait?* etc.

Ce, on dit : *c'est la vérité*, pour *ce est*, etc.

E, à la fin des mots *quelque*, *entre*, *jusque*.

Quelque perd *e* devant *un*, *autre*, quelqu'*un*, quelqu'*autre*.

Entre, perd *e* devant *eux*, *elle*, *autre*, entr'*eux*, entr'*elles*, entr'*autres*.

Jusque, perd *e* devant *à*, *au*, *aux*, *ici* : *jusqu'à Paris*, *jusqu'au ciel*, *jusqu'ici*.

I se retranche dans le mot *si*, devant *il*, *ils* : s'il *arrive*, s'ils *viennent*.

DU TRAIT-D'UNION.

Le *trait-d'union* (-) se met entre les verbes et *je*, *me*, *moi*, *toi*, *tu*, *nous*, *vous*, *il*, *ils*, *elle*, *elles*, *le*, *la*, *les*, *lui*, *leur*, *y*, *en*, *ce*, *on*, quand ces mots sont placés après le verbe.

Exemples. *Irai-je? viens-tu? donnez-lui; achevera-t-il? viendra-t-elle? a-t-on fait? prenez-en*, etc.

On met encore le trait-d'union entre deux mots tellement joints ensemble qu'ils n'en font plus qu'un : *chef-d'œuvre*, *courte-pointe*, *avant-coureur*.

DU TRÉMA.

Le *tréma* (··). On appelle ainsi deux points placés sur les voyelles *e*, *i*, *u*, quand ces lettres doivent être prononcees séparément de la voyelle qui précède, comme *poète*, *naïf*, *Saül*, etc. (1).

DE LA CÉDILLE.

La *cédille* (ç). On appelle ainsi une petite figure qu'on met sous le *c* devant *a*, *o*, *u*, pour avertir qu'il doit avoir le son de *s*, comme dans *façon*, *leçon*, *façade*, *reçu*.

DE LA PARENTHÈSE.

La *parenthèse*. On appelle ainsi deux crochets ( ) dans lesquels on renferme quelques mots détachés. Exemple : *Celui qui évite d'apprendre* (dit le Sage) *tombera dans le mal*.

---

(1) On met le tréma sur l'*e* muet, et non pas sur l'*u* des huit mots suivans : aiguë, ambiguë, il arguë, béguë, bésaiguë, ciguë, contiguë, exiguë, afin qu'on ne prononce point ces mots comme ceux-ci : *Langue*, *harangue*, *fatigue*, etc.

DE LA PONCTUATION.

Il y a six marques pour indiquer en écrivant les endroits du discours où l'on doit s'arrêter.

1°. La virgule (,) se met après les noms, les adjectifs, les verbes qui se suivent.

Exemple. *La candeur, la docilité, la simplicité, so ut les vertus de l'enfance.*

La charité est douce, patiente, bienfaisante.

La virgule sert encore à distinguer les différentes parties d'une phrase.

Exemple. *L'étude rend savant, et la réflexion rend sage.*

2°. Le point avec la virgule (;) se met entre deux phrases dont l'une depend de l'autre.

Exemple. *La douceur est, à la vérité, une vertu; mais elle ne doit pas dégénérer en foiblesse.*

3°. Les deux points (:) se mettent après une phrase finie, mais suivie d'une autre qui sert à l'étendre ou à l'éclaircir.

Exemple. *Il ne faut jamais se moquer des misérables: car qui peut s'assurer d'être toujours heureux?*

4°. Le point (.) se met à la fin des phrases, quand le sens est entièrement fini.

Exemple. *Le mensonge est le plus bas de tous les vices.*

5°. Le point interrogatif (?) se met à la fin des phrases qui expriment une interrogation.

Exemple. *Quoi de plus beau que la vertu?*

6°. Le point d'admiration (!) se met après les phrases qui expriment l'admiration.

Exemples. *Qu'il est doux de servir le Seigneur!*
Qu'il est glorieux de mourir pour son Roi!

FIN.

Parties aliquotes de douze, prises sur le produit d'un sol, qui vaut douze deniers.

Pour 1 denier, le 12e. du produit d'un sol.
Pour 2, le sixième.
Pour 3, le quart.
Pour 4, le tiers.
Pour 5, le tiers et le quart de ce tiers.
Pour 6, la moitié.
Pour 7, les tiers et quart.
Pour 8, 2 fois le tiers.
Pour 9, la moitié et la moitié de cette moitié.
Pour 10, la moitié et le tiers.
Pour 11, 2 fois le tiers et une fois le quart.

Parties aliquotes de 240 deniers, valeur d'une livre, qu'on appelle aussi de 24, en retranchant la dernière figure a main droite, laquelle il faut doubler, ainsi que la dizaine qui peut rester de l'avant-dernière figure pour en poser le produit à la colonne des sols.

Pour 1 denier, le 24e.
Pour 2, le douzième.
Pour 3, le huitième.
Pour 4, le sixième.
Pour 5, le sixième et le quart de ce sixième.
Pour 6, le quart.
Pour 7, le 6e. et le 8e.
Pour 8, le tiers.
Pour 9, le quart et la moitié de ce quart.
Pour 10, le quart et le sixième.
Pour 11, le tiers et le 8e.

Parties aliquotes de 20 sols, valeur d'une livre.

Pour 1 sol, le 20e.
Pour 2, le dixième.
Pour 3, le dixième et la moitié de ce 10e.
Pour 4, le cinquième.
Pour 5, le quart.
Pour 6, le cinquième et la moitié de ce 5e.
Pour 7, le quart et le 10e.
Pour 8, 2 fois le 5e.
Pour 9, le quart et le 5e.
Pour 10, la moitié.
Lorsqu'il y a plus de dix sols, il faut prendre le surplus dans les sols ci-dessus.

Pour les sols et les deniers ensemble.

Pour 1 s. 3 d. prenez le seizième.
Pour 1 s. 8 d. le 12e.
Pour 2 s. 6 d. le 8e.
Pour 3 s. 4 d. le 6e.
Pour 6 s. 8 d. le tiers
Pour 7 s. 6 d. le quart et le huitième.
Pour 8 s. 4 d. le quart et le sixième.
Pour 9 s 2 d. le tiers et le huitieme.

TABLE

DE MULTIPLICATION.

2 fois	2 font	4	5 fois	5 font	25	9 fois	9 font	81
2	3	6	5	6	30	9	10	90
2	4	8	5	7	35	9	11	99
2	5	10	5	8	40	9	12	108
2	6	12	5	9	45	9	13	117
2	7	14	5	10	50	9	14	126
2	8	16	5	11	55	9	15	135
2	9	18	5	12	60			
2	10	20	5	13	65	10 fois	10 font	100
2	11	22	5	14	70	10	11	110
2	12	24	5	15	75	10	12	120
2	13	26				10	13	130
2	14	28	6 fois	6 font	36	10	14	140
2	15	30	6	7	42	10	15	150
			6	8	48			
3 fois	3 font	9	6	9	54	11 fois	11 font	121
3	4	12	6	10	60	11	12	132
3	5	15	6	11	66	11	13	143
3	6	18	6	12	72	11	14	154
3	7	21	6	13	78	11	15	165
3	8	24	6	14	84			
3	9	27	6	15	90	12 fois	12 font	144
3	10	30				12	13	156
3	11	33	7 fois	7 font	49	12	14	168
3	12	36	7	8	56	12	15	180
3	13	39	7	9	63			
3	14	42	7	10	70	13 fois	13 font	169
3	15	45	7	11	77	13	14	182
			7	12	84	13	15	195
4 fois	4 font	16	7	13	91			
4	5	20	7	14	98	14 fois	14 font	196
4	6	24	7	15	105	14	15	210
4	7	28						
4	8	32	8 fois	8 font	64	15 fois	15 font	225
4	9	36	8	9	72	15	16	240
4	10	40	8	10	80	15	17	255
4	11	44	8	11	88	15	18	270
4	12	48	8	12	96	15	19	285
4	13	52	8	13	104	15	20	300
4	14	56	8	14	112			
4	15	60	8	15	120			

ha !	Hanau.	harper.	hic.	houraillis.
hâbleur.	hanche.	harpon.	hideux.	houret.
hache.	hanebane	harpie.	hie.	hourder.
hagard.	haneton.	hart.	hiérarchie.	hourdi.
haha.	hangar.	hasard.	hisser.	houret.
hahalis.	hanscrit.	hâse.	hobereau.	houri.
habé.	hanse.	hast.	hobin.	hourque.
haie.	hansière.	hâte.	hoc.	hourvari.
haie.	hanter.	hatereau.	hoca.	housche.
haillon.	hapalanthe.	hâteur.	hoche.	housé.
Hainaut	happe.	hâtier.	hochepot.	houseaux.
haine.	happelourde.	haubans.	hocher.	houspiller.
hair.	happer	haubert.	hochet.	houssaie.
haire.	haquenée.	hauteur.	holà !	houssard.
haireux.	haquet.	Havane.	Hollande.	housse.
halage.	harangue.	hâve.	hollander.	housseaux.
halbran.	haras	havereau.	homard.	housse.
hâle.	harasser.	havet.	hongre.	houssine.
halener.	harceler.	havir.	Hongrie.	housson.
haleter.	hard.	havre.	honnir.	houx.
halle.	harde.	havre-sac	honte.	hoyau.
hallebarde.	harder.	he !	hoquet.	huare.
hallebreda.	hardes.	heaume.	hoqueton.	huche.
hallier.	hardi.	hem !	horde.	huer.
haloir.	hareng.	hennir.	horion.	huette.
halot.	Harfleur.	Henri.	hormis.	huguenot.
halotechnie.	hargneux.	herault.	hors.	huit.
halte.	haricot.	here	hotte.	hulote
halurgie.	haridèle.	hérisser.	houblon.	humer
Ham.	Harlay.	hernie.	houe.	hune.
hamac.	Harlem.	héron.	houille.	Huningue.
hamagogue.	harnois	héros.	houle.	hupe.
Hambourg.	haro	herse.	houlette	hure.
hameau.	harpail.	Hesse.	houpe.	hurler.
hampe.	harpe.	hêtre.	houpelande	Huron.
hau.	harpeau.	heurter.	houper.	hussard.
hanap.	harpegement		houpier.	hutte.

PARIS. — IMPRIMERIE DE Jn. MORONVAL,
rue Galande, près la rue St-Jacques.

www.ingramcontent.com/pod-product-compliance
Lightning Source LLC
Chambersburg PA
CBHW060458260626
47161CB00005B/2162